普通高等院校"十四五"新工科·大美育新形态系列教材

中华传统形式的审美与设计

陈 岚 著

清华大学出版社
北京交通大学出版社
·北京·

内 容 简 介

中国传统文化中的形式美蕴藏在日常生活中，体现在吃、穿、住、行、乐的大小事物之中。只有认识美，才能创造美。创新与传统密切相关，激发创新设计思维和提升创新设计能力，都需要从传统形式美学中汲取营养和智慧。

掌握知识、感受美好和不断练习是提高审美及设计能力的有效途径，本书围绕知识学习、审美体验和设计实践这3个重要方面来设计教学内容。全书共计8章，涵盖了陶瓷用品、编织生活、印染织物、黛瓦青砖、居室环境、桥通南北和传统节庆等多个主题，每个主题由基本知识、审美分析和实践练习等内容组成。

本书既可作为高等院校美育、通识教育和设计教育的教材，也可作为设计行业从业者和中华传统文化爱好者的参考读物。

本书封面贴有清华大学出版社防伪标签，无标签者不得销售。
版权所有，侵权必究。侵权举报电话：010-62782989　13501256678　13801310933

图书在版编目（CIP）数据

中华传统形式的审美与设计 / 陈岚著. -- 北京 ： 北京交通大学出版社 ： 清华大学出版社，2024.9. -- （普通高等院校"十四五"新工科·大美育新形态系列教材）. -- ISBN 978-7-5121-5347-9

Ⅰ．B83

中国国家版本馆CIP数据核字第20246QF486号

中华传统形式的审美与设计
ZHONGHUA CHUANTONG XINGSHI DE SHENMEI YU SHEJI

责任编辑：韩素华

出版发行：清 华 大 学 出 版 社　　邮编：100084　　电话：010-62776969　　http://www.tup.com.cn
　　　　　北京交通大学出版社　　邮编：100044　　电话：010-51686414　　http://www.bjtup.com.cn
印 刷 者：北京虎彩文化传播有限公司
经　　销：全国新华书店
开　　本：185 mm×260 mm　　印张：12.75　　字数：326 千字
版 印 次：2024 年 9 月第 1 版　　2024 年 9 月第 1 次印刷
印　　数：1—1 000 册　　定价：69.00 元

本书如有质量问题，请向北京交通大学出版社质监组反映。对您的意见和批评，我们表示欢迎和感谢。
投诉电话：010-51686043，51686008；传真：010-62225406；E-mail：press@bjtu.edu.cn。

前言

高质量实施创新创业教育并造就一大批创新创业人才,是新时代高校服务国家创新驱动发展战略的必然要求与具体体现。创新意识和能力的提升不仅和各专业课程的学习有关,还与美育或审美能力的培养有密切关系。美育课程的内容需要丰富多样,需要从不同的专业和视角进行建设与开展,从而实现美育的真正目标。

中国传统文化中的形式美蕴藏在日常生活中,体现在吃、穿、住、行、乐的大小事物之中。只有认识美,才能创造美。创新与传统密切相关,激发创新设计思维和提升创新设计能力,都需要从传统形式美学中汲取营养和智慧。掌握知识、感受美好和循序练习是提高审美与设计能力的有效途径,本书围绕知识学习、审美体验和设计实践这3个重要方面设计了教学内容。

1. 学习目标

(1)熟悉中华传统文化中的形式美学,增强文化自信,激发创新思维。

(2)理解中华传统形式的物质文化基础。

(3)体会中华传统设计中的形式之美、工艺之美和材料之美。

(4)通过了解、鉴赏和实践,提高认识美和创造美的能力。

2. 内容构成

本书共8章,涵盖了陶瓷用品、编织生活、印染织物、黛瓦青砖、居室环境、桥通南北和传统节庆等多个主题,每章均包含"基本知识""审美分析""实践练习""课后作业"4个部分。

(1)基本知识部分概括介绍陶瓷、编织、印染织物、建筑砖瓦、居室环境、桥梁交通、传统节庆的核心知识,这些知识是审美与创新设计的基础。

(2)审美分析部分采用案例教学的方式,解析各章不同主题的审美原则,引导学习者掌握基本的审美方法。

(3)实践练习部分用于提高设计能力,包括"相关术语""课堂练习""小组设计实践"3部分内容。相关术语部分是各章关键术语的解释,是需要重点掌握的理论知识点。课堂练习部分注重培养学习者的观察、绘图、制作、分析和讨论等基础技能，小组设计实践部分注重培养解决实际设计问题的能力和团队合作的能力。

（4）课后作业包括"单项选择题""填空题""简答题""实地调研"4种类型。单项选择题、填空题和简答题用于巩固对各章核心知识的掌握，实地调研可使学习者了解现实中的有关问题，力争做到知行合一、学以致用。

（5）每章最后还提供了拓展资源的二维码，希望深入学习本章内容的学习者，可以通过该链接，了解更多的拓展知识。

3. 使用方式

（1）在教学中，教师既可以按每章节依次进行教学，即按照知识学习、审美分析和实践练习的顺序来组织学习，也可以将各章第三节中的"小组设计实践"作为教学主线，开展问题导向式的学习，将第一节的知识学习和第二节的审美分析作为自主学习内容。

（2）在使用本书进行教学时，建议采用基于项目的方式，可以根据课时长短选择不同的专题进行。课程的学习评价需要综合考虑基础知识、基本技能和问题解决能力3个方面，具体评价方式和评价指标由教师自行确定。

4. 应用对象

本书既可作为高等院校美育、通识教育和设计教育的教材，也可作为设计行业从业者和中华传统文化爱好者的参考读物。

作　者
2024年7月

目录
Contents

01
第一章
概 论

第一节　中华传统形式的主题内容　002
第二节　中华传统形式的基本元素　006
第三节　中华传统形式的审美原则　010

02
第二章
陶瓷用品

第一节　认识陶瓷　　018
第二节　审美分析　　026
第三节　实践练习　　033

03
第三章
编织生活

第一节　民间编织　　042
第二节　审美分析　　049
第三节　实践练习　　055

04
第四章
印染织物

第一节　织染技艺　　064
第二节　审美分析　　072
第三节　实践练习　　078

05
第五章
黛瓦青砖

第一节　砖瓦概述　　　　086
第二节　审美分析　　　　098
第三节　实践练习　　　　104

06
第六章
居室环境

第一节　隔扇与家具　　　114
第二节　审美分析　　　　124
第三节　实践练习　　　　131

07
第七章
桥通南北

第一节　认识桥梁　　　　140
第二节　审美分析　　　　147
第三节　实践练习　　　　155

08
第八章
传统节庆

第一节　节庆知识　　　　164
第二节　审美分析　　　　170
第三节　实践练习　　　　179

附录A　各章课后作业参考答案　188
参考文献　　　　　　　　190
后记　　　　　　　　　　193

Tradition
Tradition
Tradition

第一章 概论

【本章要点】

本章首先概括介绍了中华传统形式的物质文化基础，吃、穿、住、行及节庆娱乐等中国人的日常生活中都包含着形式美学设计的丰富资源；然后分析总结了中华传统形式的基本元素和审美原则。

第一节　中华传统形式的主题内容

一、日常生活

中华传统的设计形式蕴含在历史悠久和灿烂多姿的物质文化之中，从日常生活的吃、穿、住、行、娱乐中体现出来，陶瓷、编织、印染、人居环境、桥梁交通及节日的庆祝用品中均包含了丰富的形式美学设计资源（见图1-1）。创新需要根植于传统，只有充分吸收传统形式美学的营养，深入理解其产生美感的根本原理，才能创造出各种适合当下生活和引领未来风尚的美的器物。

图1-1　传统生活之美

"知者创物，巧者述之，守之世，谓之工。"这是成书于春秋时期的《考工记》中的论述，其中"知者创物"强调了创造器物的前提是相关知识。这些知识应包括日常器物的特点、分类、应用、工艺及相关的文化内涵。

陶瓷用品被广泛用于古代人们的日常生活之中。饮食用的陶盆、陶罐、陶壶等在新石器时期已经大量出现，这些陶器装饰了精美的纹样，具有鲜明的地域特色，成为中国造型艺术的灵感来源。随着更加坚固耐用的瓷器的出现，陶器并未在人们生活中消失，陶制的各类建筑构件依然成为生活中不可或缺的物品。瓷器不仅是中国的象征符号，更是日常生活中最为常见的器物，人们每天的饮食活动均离不开瓷器，如餐具、茶具、酒具等。瓷器制品在中国经历了两千多年的发展历程，形成了丰富多彩的空间形式类型。而瓷器表面的装饰图案不仅体现了传统陶瓷工艺的优点，同时还吸收了中国传统书法和绘画的营养。

人们最早创造的编织家具是席子，新石器时期的人类已经掌握了多种编织技艺。直到今天，竹席和草席依然是夏季常用的纳凉用具。我国拥有丰富的竹资源，竹子的种类和生长面积在全世界首屈一指。北宋文学家苏轼在《记岭南竹》中写道："食者竹笋，庇者竹瓦，载者竹筏，爨者竹薪，衣者竹皮，书者竹纸，履者竹鞋，真可谓一日不可无此君也耶？"虽然现今竹编用品的重要性已大不如前，但很多竹编器物依然应用在吃、穿、住、行、娱乐等日常生活之中。传统的编织技法不仅创造了一些经典的篮、筐、笼等空间形态，更是产生了极其丰富的几何风格的编织图案。

丝绸和瓷器都是中华文明对于世界的杰出贡献，也是中华传统形式的重要载体。我国丝绸的类型丰富多样，生产、加工、装饰的技艺成熟精湛，不仅有云锦、宋锦、蜀锦等三大古代著名织锦，还产生了苏、粤、湘、蜀四大名绣。各类精美的织锦、刺绣、民间蓝印花布、彩印花布及毛织品等构成了绚丽多彩的传统设计形式宝库。

我国传统建筑主要采用木材、夯土和土烧制的瓦与砖建造，飞檐翘角、白墙黛瓦均是我国传统木结构建筑的特色景观。其中，具有悠久历史的瓦当和滴水形成了独特的图案风格，不仅美化了建筑的外部形态，而且为当代的平面设计领域提供了丰富的素材。瓦和砖的各种组合也丰富了园林的漏窗、屋檐、铺地的装饰效果，技艺精湛的砖雕更是为传统建筑的屋顶、外墙、门、窗、影壁等增色不少。

传统建筑的内部环境由门、窗、隔扇和家具构成。我国民居多采用院落形式，四合院是其典型代表。院落内的门、窗、隔扇等建筑构件与传统建筑的空间形式和谐统一，以木材为主体，以隔扇形式的门窗为特色，形成了丰富多彩的室内外环境。传统家具与传统建筑及室内装饰风格一脉相承，家具从最早出现的草席和竹席，发展到具有可坐、可卧、储藏、遮挡、挂晾等不同用途和功能的各种用具。中国传统家具在明代达到了发展的高峰，形成了独特的风格，家具的材料、形态、装饰独树一帜，影响深远，在世界家具史上拥有别具一格的地位。

"逢山开路、遇水搭桥"，桥自古以来就是重要的道路交通设施。我国造桥技术在汉代已有关键性的突破，梁桥、浮桥、索桥和拱桥这4种基本桥梁形式均已形成。隋代建造的赵州桥，设计巧妙，装饰精美，体现了我国传统造桥技术的精湛水平。不同时期和地区的桥梁建造活动不仅推动了造桥技术的进步，也极大地丰富了城乡景观。

节日娱乐是生活中重要的组成部分，传统年画、剪纸、灯笼等增添了节日的欢乐气氛。不同地域的年画和剪纸各具特色,也成为中华传统设计的灵感来源。

时代的进步需要摒弃落后的思维,象牙、犀角和翠鸟的羽毛曾是传统工艺品的材料,对自然和环境的保护要求我们主动摒弃这类器物和工艺;同样需要摒弃的是传统等级制度及封建社会中统治阶级的穷奢极欲在物质生活中的体现。而数千年历史中默默无闻的民间匠人的工艺,需要被更多地发掘、欣赏和传承。正是勤劳智慧的劳动者用双手和头脑,在不同工艺领域中相互学习和借鉴,创造出了中华民族灿烂丰富的传统器物、工艺和艺术。

二、民间心理

在古代,普通劳动阶层和文人、士大夫阶层的审美意识有所不同,两者相互影响,共同形成了中国传统形式的审美艺术,其中"吉祥文化"可以看成是二者审美心理的共同表现。除此之外,对于文人、士大夫阶层,审美还有更多的要求,不仅需要"俗"文化,还需要有其阶层的"雅"文化,从宋代的瓷器、明代的家具及私家园林的审美风格中可以窥其一斑。

对于中国人而言,"吉祥"意味着吉利和幸运。"吉祥"一词最早出自《庄子·人间世》,庄子写道:"虚室生白,吉祥止止。""虚室生白"的含义是空的房间才显得敞亮,"吉祥止止"的含义是喜庆好事不断地出现。顾名思义,"吉祥图案"是表达美好祝福的图案类型,多采用象征和比喻的手法,表达了人们对平安、健康、幸福、财富及事业的渴望(见图1-2)。

图1-2 "福"字吉祥图案的窗花

宋代诗人李鼐在《鹧鸪天·种得门阑五福全》词中写道:"种得门阑五福全。常珍初喜庆华筵。王环醉拍春衫舞,今见康强九九年。神爽朗,骨清坚。壶天日月旧因缘。从今把定春风笑,且作人间长寿仙。"同时代的宋代诗人范成大在《临江仙·功行三千宜五福》中写道:"功行三千宜五福,长生何假金丹。"这两首词中都出现了"五福",那么

"五福"的含义是什么呢？

"五福"最早出自《尚书·洪范》，书中对"五福"的解释为："一曰寿，二曰富，三曰康宁，四曰攸好德，五曰考终命。"之后，"五福"的含义不断地发展和变化着，到今天人们一般用"福、禄、寿、喜、财"来表示"五福"的含义。"福"广受喜爱且应用最多，吉祥图案中的"福"常常呈现多种形式，不仅有文字形式的，如贴在门上的福字表达了对幸福生活的祈盼；还有用"谐音"表示的图案，例如，用植物"佛手"或动物"蝙蝠"寓意"福"。

吉祥图案中有一类以传说中的动物为题材，包括龙、麒麟和凤凰等。麒麟简称"麟"，是一种传说中的瑞兽。雄性称为"麒"，雌性称为"麟"，民间认为麒麟象征太平和长寿，求拜麒麟可以得子。传说孔子将生之时，有麒麟吐玉书于其家，上写"水精之子孙，衰周而素王"。同时，麒麟还和财富有关。典型的吉祥图案有麒麟送子、麒麟送宝和麟吐玉书等。

除了传说中的神奇动物进入了吉祥图案，还有一些真实的动物也出现在吉祥图案之中。典型的动物包括狮子、鸳鸯、金鱼和蝴蝶等。狮子并非我国的本土动物，因为它性情凶猛，被当作能驱凶辟邪的瑞兽。此外，佛教传说文殊菩萨还以狮子为坐骑，从而给狮子增添了吉祥的意义。典型的吉祥图案有狮子滚绣球、太狮（师）少狮（师）等。

"手持如意高窗里，斜日沿江千万山。"这是唐代诗人李嘉佑在《题道虔上人竹房》中所写诗句。"如意"是一种象征祥瑞的器物，头部有些像灵芝的形状，手柄部分呈弯曲形态。据说"如意"源于日常生活中一种挠痒工具，俗称"不求人"，制作"如意"的材料包括竹、玉、金、银等材料。

"如意"的形象也是吉祥图案中常见的元素，吉祥图案中经常用"如意纹"或"灵芝纹"来表示吉祥如意的美好希望。很多吉祥图案都应用了如意的形象，如两个柿子和一支如意组成了"事事如意"的吉祥图案，而摆瓶和如意则组成了"平安如意"的吉祥图案。摆瓶中的"瓶"与平安中的"平"发音相同，于是便借用"瓶"的具体形象来表示抽象的"平安"之意。人们常以此语作为祝福语，祝愿人们遇事平安、心想事成。

吉祥图案从周代开始出现，之后逐渐发展，尤其到了明清两代更加盛行，代表了人们对平安、富裕、长寿等幸福生活的美好愿望和殷切期盼。吉祥图案的内容十分丰富，包括祥禽、瑞兽、花木、器物、图文、人物等多种题材，用引申、谐音或者含蓄的手法来表达其寓意。"图必有意，意必吉祥"，我们在剪纸、年画、瓷器、服装、家具，以及建筑上都可以发现吉祥图案的应用。

以建筑为例，建筑用吉祥图案装饰的历史可以追溯到商周时期。那时的人们在瓦当上刻画各种吉祥图案，以求趋吉避凶。秦汉时期是中国传统建筑历史上的第一次高潮，帝王大兴土木，建筑装饰上使用的吉祥图案也逐渐增多。隋唐时，建筑装饰用的吉祥图案已形成了独特的风格并影响到了周边其他国家。宋元时期的建筑更加注重吉祥图案的应用，呈现出活泼明丽的风格。明清两代吉祥图案题材丰富，使用范围更加广泛，花草树木、飞禽走兽甚至器物都被纳入吉祥图案，具有极高的观赏价值，从而成为传统建筑装饰的显著特点。

当吉祥图案作为元素应用于具体的物品图案设计中时，可以分为两种类型。一类是作为中心或焦点，例如，绝大多数的人物类的吉祥图案都是布置在设计图案的中心。

另一类是作为设计图案的边饰或底纹,这类吉祥图案主要有回字纹(简称回纹)、如意纹、万字纹、云纹等。其中,南北朝时期的萧绎在其诗作《寒闺》中写道:"乌鹊夜南飞,良人行未归。池水浮明月,寒风送捣衣。愿织回文锦,因君寄武威。"其中提到的"回文",就是连续不断、循环往复的回字文纹样,民间寓意"富贵不断头"。

第二节　中华传统形式的基本元素

一、传统图案

根据图案组织方式的不同,传统图案可以分为"自由图案""适形图案""二方连续图案""四方连续图案"4种类型。

"自由图案"是指没有限制条件的图案,题材包括人物、山水、动植物、建筑、器物等。

"适形图案"也称为适合纹样,是中国传统图案中的一种特殊类型,即图案的外部轮廓为特定的图形,如圆、半圆、正方形或长方形等形状,这些特定的外部轮廓为其内部图案的设计划定了框架和限制条件。

在工艺制作上,由于器物造型的方、圆、长、扁不一,设计者需要将器物上的图案与这些造型相适应,适形图案就是在一定的外部轮廓内组织图案。适形图案要与特定的外部轮廓相适应,通过构思设计,使图案的形态、规格、内容都组成并融合成一个有机的整体。

瓦当和滴水是中国传统建筑瓦屋面上的构件,两者的轮廓形状都由其功能决定,瓦当的形状有圆形、半圆形、扇面形等,个别的瓦当为大半圆形;滴水瓦的形状一般类似三角形。瓦当和滴水的装饰图案就是典型的适形图案(见图1-3)。

图1-3　瓦当和滴水

一些适形图案常常采用反射和旋转对称的构图方式。反射对称也称镜像或轴对称，是指将任意一个图形关于某条给定直线作翻转（折叠）后与原来的图形重合。旋转对称是指将任意一个图形围绕某个固定点旋转特定度数后与原来的图形重合，如二重旋转对称（中心对称）、三重旋转对称、四重旋转对称是分别将一个图形围绕某个固定点旋转180°、120°、90°后与原来的图形重合，以此类推，n重旋转对称就是指一个图形围绕某个固定点旋转（360°/n）后与原来的图形重合。瓦当图案中就常采用这些反射对称和旋转对称的构图方法（见图1-4）。

图1-4　适形图案中的对称构图

"二方连续"是图案设计的一种组织方法，是由一个单位纹样（一个或几个纹样组合为一个单位纹样），沿着一条横轴向左右或一条竖轴向上下两个方向连续重复延伸而形成新的纹样（见图1-5）。

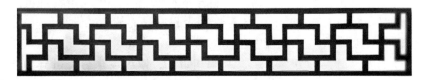

图1-5　二方连续"万字纹"家具装饰

"四方连续"是由一个单位纹样，沿着纵、横两条轴线同时向上下和左右4个方向连续地重复和延伸扩展而形成新的图案。四方连续图案广泛应用于日用品、家具及传统建筑，图1-6为四方连续万字纹在传统窗棂上的应用。连续的万字纹构成了巧妙的窗棂图案，充分体现了传统木构建筑装饰的魅力。

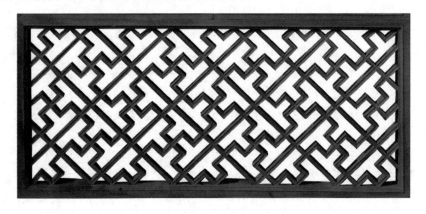

图1-6　四方连续"万字纹"窗棂

"自由图案"和"适形图案"可以满足个性化的要求，而"二方连续"图案和"四方连续"图案通过制作单元图案后再进行有规律的变换和组合，不仅设计效率更高，单元图案规律性地重复出现也增强了整体图案的美感，即传统美学中经常强调的"节奏"的美感。二方连续和四方连续纹样广泛应用于传统建筑、家具、日用品、纺织面料、室内装饰、包装等。

二、色彩元素

色彩一般可以分为"无彩色系"和"有彩色系"。无彩色系包括白色、黑色和由白色、黑色混合形成的各种不同深浅的灰色，这个色系由白色渐变到浅灰、中灰、深灰一直到黑色。有彩色系是指红、橙、黄、绿、青、蓝、紫等颜色，不同明度和纯度的红、橙、黄、绿、青、蓝、紫色调都属于有彩色系。

色彩中的基本概念还包括三原色、间色和复色。绘画中最基本的颜色为3种，即红、黄、蓝，称之为三原色。这三种原色颜色纯正、鲜明、强烈，而且三种原色本身是调配不出的，但是它们可以调配出多种色相的色彩。间色是指由两个原色相混合得出的色彩。复色是将两个间色或一个原色与相对应的间色相混合得出的色彩，复色包含了三原色的成分，成为色彩纯度较低的含灰色彩。

红、橙、黄使人感觉温暖，而蓝、蓝绿、蓝紫使人感觉寒冷。由于色彩的冷暖差别而形成的对比，称为色彩的冷暖对比。色彩的冷暖感受还受明度与纯度的影响，白色对光的反射率高而使人感觉冷，黑色对光的吸收率高而使人感觉暖。

色调指的是一幅画或一个设计中色彩的总体倾向和效果。色调可以从以下4个方面来分类：以明度来分类可分为亮调、灰调和暗调；以纯度来分类可分为鲜调、中纯度色调和灰调；以色性来分类可分为冷色调、暖色调和中性色调；以色相来分类可分为红、橙、黄、绿、青、蓝、紫色调。

中国的传统色彩是中国传统文化的重要组成部分，反映了每个时代的政治、经济、社会生活、民俗风情，以及思想观念和审美情趣。中华民族是世界上最早懂得使用色彩的民族之一，很早就确立了色彩结构，以黄、青、赤、黑、白为五色，与五行中的土、木、火、水、金相联系，把中国人关于自然、宇宙、伦理、哲学等多种思想融入色彩中，形成了独树一帜的中国色彩文化。

西周时期开始将颜色分为"正色"和"间色"两大类，黄、青、赤、黑、白5种颜色为"正色"，绀（红青色）、红（浅红色）、缥（淡青色）、紫、流黄（褐黄色）5种颜色为"间色"。间色由黄、青、赤、黑、白5种原色两两混合而成。"正色"和"间色"成为奴隶和封建社会划分贵贱、等级的工具。

中国传统的"五行"理论中，中央为土，为黄色。所以黄色是古代帝王常用的颜色，代表权势和威严，普通百姓则很少使用黄色。

红色在中国传统观念中代表了喜庆和吉祥，生活过得好，称为"红火"，热闹、喜庆的场合都离不开红色。逢年过节，红色的春联、红色的窗花、红色的灯笼渲染出节日的喜庆气氛；店铺开张剪彩所用的红绸缎，预示着日后生意的红火兴隆；而将红色表现得最为充分的当属新人结婚的场合。此外，红色还是一种身份地位的体现。早在西周时期，红色就已被视作尊贵的颜色，男子以穿大红衣裳为贵。北京故宫建筑群红色的墙体和柱子与黄色的琉璃瓦屋顶在蓝天的映衬下交织出强烈的视觉冲击，把皇权的威严演绎得淋漓尽致（见图1-7）。

图1-7　北京故宫建筑的色彩

绿色是一个特殊的颜色，它具有中性的特点，既可以代表好的，也可以代表坏的。如"绿林人物"一词，既可以理解为正义，也可以理解为邪恶。

在古代，人们把较浅的蓝色称为"青色"，代表着东方方位。传统建筑装饰常用的蓝色是群青，也称作"云青"，这是一种色泽鲜艳的蓝色。屋顶上的吻兽、瓦当也常用蓝色着色，在建筑彩画中蓝色经常与青莲等色搭配使用，具有很好的装饰性。

在远古时期，中国人崇尚黑色，以黑为贵，在阴阳五行说中，黑色代表玄武，方位上象征着北方。民居、园林等建筑的屋顶常用灰黑色的瓦件即"黛瓦"进行装饰。

新石器时期的彩陶，颜色以红色和黑色为主。泥质红陶是其中一种具有代表性的陶器类型，这类陶器的表面呈红色，用黑色颜料绘制出各种图案。此外，这一时期还有薄如蛋壳的黑陶，体现了当时人们对于黑色的偏好。

瓷器中的单色釉瓷，仅有一种颜色，颜色来源于瓷器釉料中不同的化学元素。如青釉瓷器的釉料中含有一定比例的铁元素，在特定的温度条件下烧制，烧成的瓷器呈现青色或淡黄色。红釉瓷器的釉料中含有一定比例的铜元素，入窑高温烧成后呈红色。单色釉瓷的魅力就在于其纯净的釉色，我国宋代的瓷器即以各种单色釉瓷而独树一帜。

"青瓦出檐长，马头白粉墙"，这句民间俗语准确地概括出了传统徽州民居的特色。徽州民居一般就地取材，主要以木、石、砖和瓦为建筑材料，运用这些材料本身的颜色和质感。这些民居建筑，屋面使用小青瓦，墙壁以白灰涂饰，呈现出黑、白、灰的主色调。灰黑色的瓦屋面、白色的粉墙和灰色的墙脚，在青山绿水的自然环境中宛若一幅水墨画，灵动舒展。

传统年画属于民间艺术的范畴，在颜色使用上虽然受到传统观念的影响，但也有一定的自由度。年画的颜料多以矿物、植物为原料，采用手工磨制。河南开封朱仙镇年画，多用青、黄、红三原色。陕西凤翔年画的设色，以橙、绿、桃红三色为主，套上金、银二色，色彩对比强烈，简洁明快。河北武强年画，有着强烈的北方乡土特色，常用色彩以红、黄、绿三色为主，有着较强的装饰性。

传统剪纸同样属于民间艺术范畴，剪纸的用色反映了民间对颜色的偏好。大红纸是单色剪纸用得最多的。红色是吉色，象征吉祥、喜庆。凡庆贺节日、婚嫁、祝寿等都用大红剪纸。黄色是正色，为尊贵之色。古代帝王、僧侣多用黄色，故在剪纸中的仙佛图案也用黄色纸。白纸，常用于作为绣稿、底模的剪纸，也用于丧俗中。绿纸、蓝纸都属于素色，可与吉色纸相配。而紫色纸，如黑紫、茄紫、蓝紫、淡紫色纸则用于祭祀剪纸。

中国传统色彩内涵丰富，应用广泛，建筑、服饰、绘画、戏剧、雕刻、漆器等传统文化的方方面面都离不开色彩的装饰。

第三节　中华传统形式的审美原则

一、总体原则

对于形式美的认识，虽然东方和西方有很多不同，但依然有一些共同点。这些共同点包括和谐、平衡、节奏、层次及情感等基本法则，也被认为是基本的形式审美原则。

和谐的形式给人们带来美感，和谐法则也被称为统一法则，常被认为是评价形式美的首要法则。不论是平面形式还是空间形式，也不论是单个或者由多个部分组成的形式，保持整个形式的和谐性都至关重要。形式的和谐包括主要部分和次要部分在从属关系上的和谐，不同组成部分在位置关系上的和谐，整体和部分在外部形态、色彩及风格特点上的和谐等（见图1-8）。

形式美法则不仅具有多样性，而且具有层次性。除了不同设计领域的具体要求有所不同，从更高的视角来看，和谐、平衡、节奏、层次及情感等基本法则可以概括为"变化与统一"的审美原则。"变化"意味着多样性的审美形式，"统一"意味着稳定和恒定的共同审美意识。变化与统一的审美原则符合辩证思维的基本思想，同时，这一审美原则也可以看作中国传统"中庸之道"思维方式在审美领域中的一种体现。

此外，不同的文化背景、民族特性和社会信仰折射出了不同的审美原则和心理，因此，形式美法则的讨论需要考虑整个社会和文化传统的影响。

图 1-8　梯田的和谐美

情感法则包含较为宽泛的含义，也寓意其内涵的多样性。依据心理学家马斯洛的需求分析模型，情感需求呈现金字塔形的层次级别，人类对于情感的需求包含了寻求安全及自我满足等完全不同的等级层次。此外，情感的类型也远不止马斯洛需求模型中所总结的类型。新颖的事物会产生新奇的情感，不少设计师的作品以此为目标，满足用户好奇的天性。古代精美的玉器、外形别致的铜镜及颜色淡雅的瓷器都让使用者或观赏者不由自主地产生喜爱的情感。这些器物给使用者带来的不仅是功能上的满足，还带来心理上的愉悦之情。

从古至今，东、西方很多艺术作品或形式设计都表现了"永恒"或"无限"的寓意。例如，中国传统的日用器物、家具及建筑物装饰中经常可以见到的首尾相连的回字纹、万字纹或枝茎相连的缠枝纹，均表达了追求生生不息和幸福永恒的内心愿望（见图 1-9）。

图 1-9　瓷器上的缠枝纹

二、基本原则

和谐统一是传统形式审美的总的法则，而平衡、节奏、层次、对比等具体的审美法则同样影响着审美判断。

平衡法则会让人联想到物理学的相关定义，平衡在物理学中代表一种状态，这种状态给人的心理带来某种安全感或者说平静感。从心理学的角度来说，这种安全感或平静感是令人愉悦的，也是乐于接受的，因此，平衡法则被认为是评价形式美的重要法则之一。

平衡法则也常常与"对称"概念相关联，形式设计中的对称包含多种形式，最为常见的是"反射对称"，也被称为"镜像对称"或"轴对称"。自然界的许多事物都近似具备反射对称的属性，例如，展开翅膀的蜻蜓、银杏树的叶子、海洋中的鳐鱼的形状等，都存在反射对称的现象。

反射对称仅是对称形式中的一种，还有其他形式的对称，例如，各种形式的"旋转对称"（或称辐射对称）。这些对称现象不仅存在于自然界中，也存在于人造物中，如各种标志图形及气势宏伟的纪念性建筑物等。

平衡状态不仅包括几何意义上的各种对称形式，也包括前面所说的物理平衡的情况，处于天平两侧不同质量的物体，可以通过调节砝码位置而使天平处于平衡状态。即，保持平衡的天平从形式上来看不一定是对称的，但给予了人们心理上同样的平衡感受。

节奏法则通常与周期和韵律有关。自然界中存在大量周而复始的现象，包括太阳的东升西落、月亮的盈亏变化及潮汐的定时涨落。这种周期性地出现和消亡现象，也存在于各种生物的生命成长过程中。例如，一些种类的植物随着季节的花开花谢。节奏、周期及韵律也是生命力的一种体现，因此，节奏法则也是形式美中重要的一项法则。

要使一个形式具备节奏上的审美体验，最简单的设计就是采用重复的方法，也就是使相同尺寸和形状的平面图形或空间图形等间隔地出现。还可以采用渐变的设计方法，平面图形或空间图形按比例地放大或缩小，产生无限放大或缩小的视觉体验。在审美的范畴里，无限也意味着永恒，而追求永恒是人类具备意识后就出现的心理状态。

以平面图形设计为例，不仅单个图形的设计希望给人动感和节奏感，带状和块状图形的设计更加强调节奏感和韵律感。在带状图形的设计中，设计师常常通过二方连续的设计手法表现图形整体的动态变化，例如，瓷器足部不断重复出现的回纹图形。当然，整个图形的节奏可以是重复出现，也可以是无限放大或缩小；类似蕨类植物的生长方式，不断有规律地伸展和扩张。

层次法则应用的目标是突出重点，表达设计者的关注点和核心理念。平淡的设计作品不容易引发或激发使用者的情感，缺少吸引力。在设计过程中注重层次性可以给使用者带来更为丰富的体验，更容易引起使用者的心理共鸣，从而达到设计者希望的情感目标。要使作品具有层次感可以采用强调和对比的表现手法，通过黑与白、直线与曲线、复杂与简单及不同的位置设计等多种方式形成视觉焦点与层次感。

以空间形式的典型代表——建筑物为例，不管是居住建筑、商业建筑、办公建筑、风景园林建筑还是纪念性建筑，都非常注重层次性的表现。建筑物的立面装饰、入口和门窗设置及屋顶檐口的造型设计等，都会注重视觉重点或焦点的设计。

对于多个单体建筑组成的建筑群落，设计上更是注重层次性，不同的建筑物从位置、体量、高度、形态、装饰上都有所区别，突出了重点建筑物在建筑组群中的地位（见图1-10）。

图1-10　北京颐和园建筑群的层次美

除了平衡、节奏、层次等几种典型的形式美法则以外，不同的设计行业还有一些特殊的美学法则，这些细分的审美法则适合于特定的行业要求。例如，人们对于园林与陶瓷日用品具有细分的审美需求。园林设计的尺度与日常陶瓷用品这种工业产品的设计尺度具有天壤之别的差异，园林中的游客对于审美的体验要求也不同于陶瓷日用品的使用者，形式美的法则需要综合考虑共性和个性的需求。

【本章小结】

本章由 3 节组成，内容分别是中华传统形式的主题内容、中华传统形式的基本元素及中华传统形式的审美原则。

中华传统形式的主题内容概括介绍了陶瓷、编织、印染织物、建筑砖瓦、家居环境、桥梁交通、节庆年画与剪纸等日常生活中的物质文化和祈愿吉祥的民间心理，以及它们与传统形式美学的关系。

中华传统形式的基本元素包括传统图案和传统色彩这两个方面，传统图案元素有自由图案、适形图案、二方连续图案与四方连续图案等类型。色彩元素介绍了中国传统色彩的基本知识、文化内涵和在各种传统形式中的应用方式。

中华传统形式的审美原则论述了总体原则和基本原则。和谐法则也被称为统一法则，常被认为是评价形式美的首要法则。平衡、节奏、层次及情感等被认为是审美的基本原则。

【拓展学习】

拓展资料

【课后作业】

一、单项选择题

1. 吉祥图案作为设计元素,在某个具体图案的设计中可以作为( )。
   A. 中心　　　　B. 底纹　　　　C. 边饰　　　　D. 以上全部

2. 蜘蛛的形象在吉祥图案中象征( )。
   A. 喜　　　　　B. 财　　　　　C. 寿　　　　　D. 禄

3. 在传统形式设计中,( )常作为边饰或底纹。
   A. 回纹　　　　B. 万字纹　　　C. 缠枝纹　　　D. 以上全部

4. 传统的团花图案的构成方式属于( )。
   A. 二方连续　　B. 四方连续　　C. 适形图案　　D. 自由图案

5. 传统节日里的窗花、门笺、灯笼最有可能的颜色是( )。
   A. 绿色　　　　B. 红色　　　　C. 黄色　　　　D. 白色

二、简答题

1. 吉祥文化对我国传统的器物设计有什么影响?举例说明你的观点。
2. 谈谈形式美在日常生活物品和环境上的体现。

Tradition
Tradition
Tradition

第二章

陶瓷用品

【本章要点】

本章介绍了陶器和瓷器的基本知识与发展历程。着重从形态、装饰、功能及风格等方面，对不同时代陶器和瓷器的典型器物进行了审美分析。通过课堂练习培养观察、分析、总结和模仿等基本设计技能，同时还通过小组设计实践活动来激发创新能力，加深对传统陶瓷艺术的理解，提高审美意识与设计水平。

第一节 认识陶瓷

一、陶瓷概述

（一）陶器与瓷器

陶瓷是陶器和瓷器的总称。陶器是以黏土为主要原料，将其制作成型，再用火加温烧制形成的器物。瓷器是由瓷石、高岭土、石英石等烧制而成的，外表施有玻璃质釉或彩绘的器物。瓷器是由陶器发展而来的，二者均是火与土的产物。从发展顺序来看，先有陶器，后有瓷器；瓷器出现后，陶器也并未消失。

我国在旧石器晚期已经开始制作陶器，商代已出现了原始瓷器，东汉时期出现成熟的瓷器。瓷器的发明是中华民族对世界文明的伟大贡献，瓷器也成为中华传统设计形式的象征符号之一。历史上西方人曾把我国称为"瓷器之国"，英文单词中的"china"表示瓷器，首字母大写的"China"则表示中国。

陶器和瓷器的主要区别在于制坯原料、烧成温度、表面釉料、吸水性等方面。陶器是以自然界中比较常见的黏土为主要原料；而瓷器则是以较为稀有的高岭土为主要原料，其主要成分是硅和硅酸盐氧化物。陶器的烧成温度约在800℃，而瓷器的烧成温度则约为1 200～1 400 ℃。瓷器表面一般施有高温釉，陶器表面一般不施釉或施有以金属铅为助熔剂的低温釉。釉的施用使器物表面更加紧密，表面光滑且便于清洁，还具有光泽。瓷器的硬度、密度和透明度都比陶器要高。瓷器吸水率很低，敲击有清脆的金属声。陶器有较强的吸水性，敲击声也不清脆。

原始瓷是由陶器到瓷器的过渡产物，它以高岭土为制坯原料，表面施釉，高温加热烧成。原始瓷器胎体细腻坚硬，不易渗水，表面常呈淡黄或灰白色。与成熟瓷器相比，原始瓷质地比较粗糙，胎壁厚薄不均，透光性比较差，釉层较薄、施釉不匀且容易脱落。从原始瓷的出现到发展为成熟的瓷器，中间经历了一千多年的时光，可见瓷器的创制并非易事。

（二）陶瓷的制作

1. 陶器的制作

陶器制作一般要经过陶土加工、制坯成型、表面装饰、表面施釉、烧制成器等主要工序。其中，釉陶还需要在烧制前施釉。早期陶器制作场景如图2-1所示。

图 2-1　早期陶器制作场景

（1）陶土加工：制作一般的粗陶，只要把陶土经过适当筛选就可以使用。如果要制作精细的陶器，还需要对陶土进行淘洗。

（2）制坯成型：陶土经过选择、加工后，加水拌和成软硬合适的陶泥，就可以用来制作陶坯。制坯的方法主要有手制法、轮制法、模制法等3种。手制法就是直接用手制作陶坯，包括"捏塑法""泥条盘筑法""泥片贴筑法"。轮制法是将泥料放在转动的轮盘上，利用陶轮的旋转，用双手将泥料拉成陶器坯体。模制法是利用模具制成陶坯，待半干时取出，通常用在陶器的局部制作上。

（3）表面装饰：采用划花、刻花、压印、拍印、模印、贴塑、彩绘等装饰技法进行陶器表面的装饰。

（4）表面施釉：我国汉代出现了铅釉陶，这类陶器在入窑烧制前还需要在坯体表面施釉。例如，唐三彩陶器就属于这类铅釉陶，入窑前需要表面施釉。

（5）烧制成器：将完成装饰的陶坯阴干后进行加温烧制，温度升至 600 ~ 800℃，陶坯烧结硬化，制成陶器。

2. 瓷器的制作

瓷器来源于陶器，因此，瓷器与陶器的制作流程基本相同，但瓷器加工步骤多于陶器，所以瓷器的性能优于陶器。

瓷器的制作一般要经过瓷土加工、制坯成型、表面装饰、表面施釉、入窑烧制、釉上加彩、二次烧制等工序。不同的瓷器类型，所需要的制作工序有所不同。

（1）瓷土加工：采集的瓷土需要进行精细加工，包括磨碎、淘洗、沉淀、除渣等流程环节。同样，做釉的釉浆也需要进行加工。

（2）制坯成型：用制坯的轮车，将加工过的瓷土拉坯成型。将成型的坯体进行修整，使得坯体厚度均匀，表面光滑。

（3）表面装饰：采用划花、刻花、压印、拍印、模印、贴塑等技法，在坯体表面

图 2-2　瓷坯表面施釉

进行装饰。有些类型的瓷器，还需要手工绘制色彩和图案，如青花瓷、釉里红等。这类瓷器因此也被称为"釉下彩"瓷器。

（4）表面施釉：在完成装饰或图案绘制的坯体上，施上釉浆（见图 2-2）。

（5）入窑烧制：将瓷坯放入瓷窑，以 1 200～1 400 ℃的高温进行烧制。

对于大多数瓷器而言，经过上述制作过程，即完成了瓷器的烧制过程。但对于一些特殊类型的瓷器，还需要两个步骤，才能完成全部的制作过程。这类瓷器包括斗彩、粉彩、五彩、珐琅彩瓷器等。

（6）釉上加彩：在烧好的瓷器上进行彩绘，然后准备二次入窑烧制。

（7）二次烧制：以 800 ℃左右的温度烧制，用以加热固化彩料。

有些瓷器一次烧制而成，如青花瓷。另一些瓷器需要烧制两次，如斗彩瓷器。

（三）陶瓷的装饰

1. 陶器的装饰

陶器装饰技法包括划花、刻花、模印、贴塑、彩绘等多种方法。不同类型的陶器，所需要的装饰方法也有所不同。

（1）划花是用木或竹制工具在陶坯上划出纹样，纹样多为简单的几何图案。

（2）刻花是用金属工具在陶坯上刻出纹样。

（3）模印是用模具在陶坯上拍或捺印出来纹样，包括简单的压印和拍印等方法。

（4）贴塑是将捏塑的各种造型贴在陶坯表面，在陶器表面形成浅浮雕的装饰效果。

（5）彩绘是指在陶坯表面手工绘制图案。包括"先绘后烧"和"先烧后绘"两种方法。前者先在陶坯上绘图，然后入窑烧制。后者先将陶器烧好，然后再绘制图案。马家窑彩陶采用前一种方法，陶器的彩色图案不易脱落。秦始皇兵马俑则采用后一种方法，这种彩绘方法颜色容易脱落，我们现在见到的大多数兵马俑彩绘都已脱落，因此呈现出单调的灰色。

2. 瓷器的装饰

瓷器装饰大体沿袭了陶器的装饰技法，并且在此基础上又有所发展和突破，出现了一些新的装饰技法。瓷器装饰技法包括划花、刻花、模印、贴塑、镂空、剔花、彩绘、开光装饰和化妆土装饰等方法。

（1）划花是在半干的瓷坯表面，以竹、木等工具浅划出线状花纹，施釉后入窑焙烧。划花手法灵活，线条自然流畅。

（2）刻花是在半干的瓷坯表面，以铁等金属工具刻出花纹，施釉后入窑焙烧。刻花线条有深有浅，变化多样。

（3）模印是用模具在瓷坯上拍或捺印出来纹样，施釉后入窑焙烧。

（4）贴塑是将模印或捏塑的各种人物、动物、花卉等纹样的泥片用泥浆粘贴在已成形的瓷坯体表面，然后施釉，入窑焙烧，在瓷器表面产生浅浮雕的效果。

（5）镂空是在瓷胎表面采用透雕技法进行雕刻，使瓷器具有玲珑剔透的外观。

（6）剔花是在瓷坯表面施釉后刻或划出花纹，将花纹部分以外的釉层剔去，露出胎体后再施以透明的釉。瓷器烧成后，花纹具有浅浮雕的效果。

（7）彩绘主要有"釉下彩"和"釉上彩"两种方法，釉下彩是先在瓷坯上绘制图案，然后上釉烧制。釉上彩是在烧制好的瓷器上绘制图案，然后进行二次烧制，低温固化彩料。此外，还有混合釉下彩和釉上彩的方法。

（8）开光装饰是先在瓷坯的特定部位画出方形、圆形、菱形、扇形、蕉叶形等边框，然后在该边框的空间里饰以图案。这种装饰具有重点突出、对比强烈的特点。

（9）化妆土装饰是指用上好的瓷土加工调和成泥浆，施于质地较粗糙的瓷坯体表面，使其表面变得光滑平整。

瓷器除了上述装饰技法外，还有釉色融合、釉色变化及釉的开片等方法。

唐代出现的花釉瓷，就是采用了将不同釉色进行融合的技法烧制而成的瓷器。即在黑釉、黄釉、天蓝釉等釉色上施加月白色、天蓝色的斑块，这些斑块与底釉融合在一起，形成绚丽多彩的釉色，唐代的鲁山花瓷是其中的典型代表。宋代的黑釉瓷采用釉色变化的方法，烧制出具有晕染效果的瓷器，建窑黑釉瓷器是其中的典型代表。瓷器的开片是指当瓷器表面的釉的膨胀系数大于瓷胎的膨胀系数时，瓷器表面的釉会出现自然开裂的现象，形成不规则的几何纹样。冰裂纹属于瓷器开片的一种，宋代的哥窑瓷器是其中的典型代表。

（四）窑炉与窑场

早期的人们采用在地面上直接烧制的方式制陶，随着经济、技术和知识的发展，逐步开始建造窑炉来烧制陶器。古代烧制瓷器的窑炉有龙窑、馒头窑、蛋形窑、阶梯窑等几种主要类型。

"龙窑"最早发现于浙江上虞地区，为商代窑炉遗址。龙窑窑炉一般长几十米，顺山势而下，形成窑身高度的差距，烧窑时火势沿坡而上，好似火龙一般，因此被称为龙窑（见图2-3）。龙窑的出现，使窑炉的温度从过去的1 000 ℃低温烧窑，发展达到1 200 ℃以上高温烧制陶器，促进了原始瓷的发展和"原始瓷"向青瓷的转变，江南地区的龙泉青瓷多采用龙窑烧制。龙窑升温稳定，热利用率高，并且可以同时烧制不同温度要求的陶瓷器，成为我国窑炉的主要

图2-3 龙窑

形制。

"馒头窑"在商代已经出现,由于近似馒头形而得名。它的优点是保温性能好,适于焙烧胎体较厚、高温下釉的黏度较大的瓷器。缺点是升温慢、降温也慢,烧成时间相对较长,窑内温度分布不够均匀。北方所产的汝、钧、定等著名的瓷器均是采用馒头窑烧制的。

"蛋形窑"出现于明末清初的景德镇,形状类似平卧在地上的半个鸡蛋。蛋形窑以柴作燃料,瓷器烧成时间短、装烧量大、烧成的瓷器产品质量较好,对景德镇制瓷业的发展起了重要作用。

"阶梯窑"出现于明代福建德化窑,它结合了"龙窑"和"馒头窑"的优点,适合烧制含氧化钾成分较高、釉在高温下黏度较大的瓷器,如德化窑白釉瓷器。

古代窑厂有官窑和民窑之分,官窑是指官府主办的窑厂,所生产的瓷器只专供宫廷使用,民窑就是民间人士创办的窑厂,民窑一般以生产日用瓷器为主,面向市场需求。官窑因为是由官府营建的,所以能够获得优质瓷土和各种原料,征集天下能工巧匠参与制瓷,并控制釉料配方和制瓷工艺。官窑分工细致,生产不计成本,制作技术熟练精湛,因此,官窑烧制的产品,在一定程度上代表了当时制瓷业的最高水平。

官窑在宋朝开始形成,宋徽宗时期设立了专为宫廷烧制瓷器的窑厂,即"官办官烧"。官窑生产的瓷器只用于宫廷,不允许民间流通。元朝官窑和宋朝一样,同样设立官窑烧制瓷器,提供给元朝宫廷使用。明朝前期采用官窑烧瓷,后期逐渐采用"官办民烧"的方式为宫廷提供瓷器。清朝则采用"官搭民烧"的方式,即在民窑中搭炉烧造并派专人督办。

江西景德镇被誉为中国的瓷都。对清代蓝浦《景德镇陶录》的研究表明:景德镇从唐代开始生产青瓷,五代出现白瓷的烧制,宋代烧制出极具特色的青白瓷。

元代在景德镇设立了唯一的官办瓷器作坊,景德镇瓷器的优势地位自此确定。在景德镇烧制的陶瓷中,最为著名的瓷器类型有青花釉、玲珑釉、粉彩釉、颜色釉瓷器等4类,这4类陶瓷被誉为景德镇四大传统名瓷。

明代官员缪宗周在其七言诗《咏景德镇兀然亭》中写道:"陶舍重重倚岸开,舟帆日日蔽江来;工人莫献天机巧,此器能输郡国材。"其中,"陶舍重重倚岸开,舟帆日日蔽江来"描述了景德镇当时陶瓷业的繁盛状况。从明代起,景德镇就成为"天下窑器所聚",所谓"有明一代,至精至美之瓷,莫不出于景德镇"。

直到今天,陶瓷产业依然是江西景德镇地区经济、文化发展的重要支撑。

二、陶瓷历史

(一)陶器历史

陶器是以陶土为原料,用手工、轮制或模制等方法做成所需形状,经过高温焙烧而成的。陶器源于新石器时期,陶器的发明正是为了满足人们生活的需要。新石器时期出现了农业和畜牧业,扩大了人们的食物来源,提供了较为稳定的谷物和肉类供应,使得对于汲水器、储水器、炊具、储物器皿等生活用品的需要逐渐迫切起来。当时的人们发现，泥罐经过烧制后能够用来取水、存水、炊煮和保存食物。陶器的发明和使用，极大地方便了人们的生活。

新石器早期的陶器多为手工制作，陶器表面呈红色，因此被称为红陶。红陶是我国出现最早的陶器类型，此后出现了灰陶和黑陶。新石器中晚期，制陶的技术已经发展到了很高的水平，能够制造出非常优美的"彩陶"。所谓彩陶，是一种绘有黑色、红色装饰花纹的红褐色或棕黄色的陶器。这个时期的文化被称为"彩陶文化"，著名的马家窑文化就属于彩陶文化。

商代的制陶工艺水平普遍提高，带釉的硬陶在这个时期已经出现，陶器此时已经不再局限于盛物器皿，也用于日用品类、建筑类、祭祀礼器类等，应用的范围更广了。商早期已经开始将陶质水管用于建筑，商中期陶器在烧成工艺上有很大提高，制作的陶器也更加精美。

西周时期出现了陶制的瓦和瓦当，瓦的类型包括板瓦和筒瓦。瓦和瓦当的出现提高了建筑物的居住质量，也形成了中国传统建筑的屋顶形态。

秦汉时期陶俑的工艺达到了空前的水准，秦代陶器以兵马俑著称。兵马俑即秦始皇的陪葬陶俑，制作成士兵和战马的形状，大小与真人真马相同。"秦砖汉瓦"这一说法也表明了砖、瓦等建筑用陶在这一时期得到了很大的发展。

汉代陶器的品种有灰陶、釉陶、彩绘陶及陶塑、砖、瓦等。装饰方法丰富多彩，有印纹、划纹、堆贴、彩绘、雕镂等多种。这个时期的釉陶、彩绘陶、陶塑、砖、瓦等，都有出色的成就。低温铅釉陶制作的成功，是汉代陶瓷工艺杰出成就之一。汉初的陶塑艺术，明显地继承了秦代的雕塑艺术风格。

唐代的唐三彩是一种以黄、绿、白为基本釉色的低温铅釉陶器。因为在色釉中加入不同的金属氧化物，经过烧制，便形成浅黄、黄、浅绿、深绿、天蓝、褐红等多种色彩（见图2-4）。

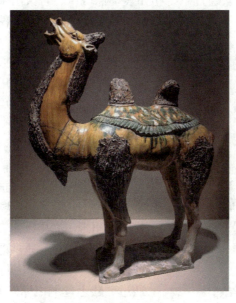

图 2-4　唐代三彩骆驼俑

明代中期在浙江宜兴地区开始流行一种新的陶制茶具——紫砂壶。紫砂壶使用含铁量较高的特殊黏土制成，表面细腻光洁，多呈现出褐色、紫黑和淡黄的色彩。紫砂壶的造型简洁大气且比例协调，同时与中国传统文化中的书法、绘画、篆刻相结合，一直流传至今。

从明、清到现在，陶器始终没有消失，仍然兴盛不衰。江苏宜兴紫砂壶、广西钦州坭兴陶、四川荣昌陶、云南建水陶被称为"中国四大名陶"。除了这4种陶器类型以外，我国一些偏远地区还流行具有地域特色的陶制茶具，例如，云南西北部的人们喜欢使用一种当地制作的黑陶茶具。

（二）瓷器历史

商代中晚期出现了原始瓷，原始瓷用瓷土作胎、表面施石灰釉，经过1 200 ℃左右的高温烧制而成，胎质和表面与真正瓷器的性质接近，被称为原始瓷。原始瓷是陶器和瓷器之间的过渡产物。原始瓷器比陶器胎质更致密，外观更漂亮，便于清洗，而且经久耐用。商代的原始瓷器主要出现在黄河中游的河南、山西、河北等地，以及长江中下游的湖北、湖南、江西、江苏等地。

东汉时期我国浙江地区的越窑烧制出了成熟的瓷器，这是陶瓷发展历程中重要的突破，具有重要的意义。最先烧制成功的成熟瓷器是青瓷，颜色呈浅的青绿、青黄的颜色，这与原始青瓷所呈现的灰白、淡黄色有明显的不同。我国瓷器也完成了从陶器到原始瓷器，再到成熟瓷器的演变过程。

隋唐时期瓷器制作工艺获得了进一步发展，瓷器的表面釉料发展已经非常成熟，窑炉的火烧温度已达1 000 ℃以上，整个瓷器行业形成了以南方"越窑"为代表的青瓷和以北方"邢窑"为代表的白瓷两大类型，俗称"南青北白"。唐代除"邢窑"烧造白瓷外，还有四川大邑窑也烧制白瓷。唐代著名诗人杜甫在其诗《又于韦处乞大邑瓷碗》中写道："大邑烧瓷轻且坚，扣如哀玉锦城传。君家白碗胜霜雪，急送茅斋也可怜。"说明当时生产的白瓷的质量已经达到了很高的水平，不仅外形美观，质地坚硬且很轻巧。

晚唐诗人陆龟蒙在其《秘色越器》一诗中写道："九秋越窑风露开，夺得千峰翠色来。好向中宵盛沆瀣，共嵇中散斗遗杯。"生动形象地描述了越窑青瓷的色泽特点。同时，随着唐代陆羽的《茶经》一书的问世，各种与饮茶习俗有关的瓷器制品大量涌现，瓷器与茶的密切联系一直延续到今天。陆羽还在《茶经》中对越窑青瓷给出了"越瓷类玉"的评价。此外，唐代开始出现了彩瓷，主要是长沙铜官窑的釉下彩瓷，多为褐绿色，这些彩瓷为后来青花瓷器的出现奠定了工艺基础（见图2-5）。唐代的瓷器也通过"陆上丝绸之路"和"海上丝绸之路"，输出到了东亚、东南亚、南亚、西亚和北非等地。

图2-5 唐代长沙铜官窑釉下褐彩诗句青瓷执壶

五代十国期间出现了著名的柴窑，它是当时后周柴荣的御窑，因此被称为"柴窑"。传说该窑烧制的瓷器"雨过青天云破处，这般颜色做将来"。柴窑瓷器以天青色为主，模仿雨过天晴后的颜色。明代文震亨在其所著《长物志》一书中写道："窑器：柴窑最贵，世不一见，闻其制，青如天，明如镜，薄如纸，声如磬，未知然否？"虽然柴窑瓷器在中国陶瓷史上占有重要地位，但是尚未发现传世实物和具体的窑址。

瓷器发展到宋代达到了高峰，开始采用煤作为烧瓷的燃料，装烧技术也得到了极大的改进，开创烧造高温颜色釉之先河。当时比较有名的定窑、汝窑、官窑、哥窑、钧窑为五大名窑，其中又以汝窑为贵。宋瓷的器型有大量创新，装饰手法也远超唐代。宋代诗人彭汝砺在《送许屯田》中就有"浮梁巧烧瓷，颜色比琼玖"的诗句来描述宋瓷的颜色。驰誉世界的南宋龙泉青瓷中，以粉青和梅子青最为著名，可以说是青瓷之冠。建窑也是我国宋代著名的瓷窑，以烧造黑釉瓷器闻名。宋代建窑烧造的黑釉茶盏，根据釉面上氧化铁结晶斑的不同，有"鹧鸪斑""兔毫"和"曜变"等品种。"兔毫紫瓯新，蟹眼清泉煮。"这两句出自宋代文人蔡襄《北苑十咏·试茶》中的诗句，赞美的正是著名的建窑兔毫盏（见图2-6）。

图2-6 宋代建窑黑釉兔毫盏

辽、西夏和金，是与两宋并立的北方民族政权。在传统制瓷工艺的影响下，辽、西夏和金制瓷业兴起，形成了具有北方民族风格的陶瓷艺术。

元代在景德镇成立了浮梁瓷局，管理全国的制瓷行业，人们也不再留恋宋代"清水出芙蓉，天然去雕饰"的自然美，开始追求精丽华贵的风格。元代瓷业最为突出的成就是青花和釉里红瓷器的成功烧制。原始青花瓷在唐宋已见端倪，成熟的青花瓷则出现在元代景德镇。青花瓷表面十分光洁，色彩鲜明，装饰题材和技法的运用继承了唐宋传统的艺术风格，也融合了蒙元文化，使用了绘画、印花等多种技法。青花瓷制作时用含氧化钴的钴矿为原料，在陶瓷坯体上描绘纹饰，再罩上一层透明釉，经高温还原反应一次烧成。由于青花瓷的色彩在釉下，所以就不易磨损，能够经久不变。元青花的釉料和青花色料中都不含铅，也就避免了铅对人体的伤害，因此，可作为餐具或者其他饮食用具。同时，元代的青花瓷器开始大量出口到海外并接受海外客户的定制。

明代继续在景德镇设立御窑厂，继元代青花、釉里红等釉下彩绘瓷器烧制成功后，明代又烧制成功斗彩、五彩、素三彩、黄地红彩、白地绿彩等釉上彩绘瓷器，中国陶瓷由此进入了以彩绘瓷器为主的时代。斗彩瓷器是釉下青花和釉上色彩相结合的一种彩色瓷器。它的制作方法是，先在瓷器的胎上用青料画上花纹或只勾画出花纹的轮廓线，然后施透明釉，入窑以1 200 ℃以上的温度焙烧，在烧成的瓷器上沿青花轮廓线填上所需要的彩色，再次入窑以800 ℃左右的温度烧制。烧成之后，瓷器釉下的青花轮廓与釉上色彩交相辉映，争奇斗艳，所以被称为"斗彩"。

清代的瓷器继续以景德镇为制瓷中心，瓷器的种类增多，制瓷工艺达到历史的最高水平。胎质坚硬细腻，色彩绚丽，镂雕精美。在装饰方面，瓷器上常绘有"耕织图""渔樵耕读""民间故事""小说戏剧""神话传说"等图案，以山水、花卉等为装饰题材的瓷器也非常普遍。清代制瓷业的成就，集中表现在粉彩和珐琅彩瓷器的出现。粉彩是用铅粉掺入彩绘色料，在烧好的瓷器上作画，颜色鲜明，有阴阳向背、浓淡厚薄之分，画好以后再入窑烘彩。烧成的粉彩瓷器颜色柔和淡雅，画面层次分明，富有立体感。内容多为花鸟虫蝶，形态写实逼真。珐琅彩又称"瓷胎画珐琅"，是移植铜胎画珐琅的工艺烧制而成的釉上彩瓷器，工艺复杂，制作难度较大。

第二节　审 美 分 析

一、陶器之美

（一）陶器审美概述

审美具有一定的主观性，同时也具有一定的客观性。陶器的制作年代不同，使用环境已发生了很多变化。陶器作为日常使用的物品，也是传统文化积淀而成的，尤其是其中典型的器物。欣赏陶器，需要从多个维度出发，要有相对的客观性。

首先，制作陶器的目的是使用，陶器需要满足不同功能的要求。其次，陶器的空间形态，需要具备和谐的美感。再次，陶器的装饰图案，需要带来美感。最后，陶器具有一定的文化内涵，需要给使用者带来快乐、满足或激励的心理感受。总之，我们可以从陶器的使用功能、空间形态、装饰图案及文化内涵这4个方面来赏析陶器。

陶器的类型丰富，不同时期的陶器具有不同的风格特点。我们选取早期的马家窑彩陶、战国时期的印纹硬陶和明代出现的宜兴紫砂壶进行说明。

马家窑彩陶是新石器时代的陶器，具有鲜明的地方特色，因首先发现于甘肃省临洮县的马家窑村，因此被命名为马家窑文化。马家窑文化出现于新石器时代晚期，历经了数千年的发展，主要分布在甘肃东南部、青海东北部、宁夏南部等地区，它是我国新石器时代文化的代表之一。马家窑文化的彩陶早期以纯黑色彩绘制花纹，中期使用纯黑或黑红相间绘制花纹，晚期以黑红两种色彩并用绘制花纹。陶器的形式多种多样，很多陶器的形态新颖，造型优美。陶器常见的装饰纹样有条纹、宽带纹、圆点纹、波浪纹、弧线纹、锯齿纹及蛙纹等。

印纹硬陶是指质地坚硬，烧成温度较高，胎质细腻，表面有拍印几何纹饰的一种陶器。因其纹饰以几何形为主，又被称为"几何印纹陶"。印纹硬陶出现于新石器时代晚期，盛行于商周时期，秦汉时期以后衰落。印纹硬陶长期流行于长江中下游及东南沿海地区，反映了我国古越文化的物质发展过程。

紫砂壶茶具是用质地细腻、含铁量较高的特殊黏土制成的，外表呈赤褐、淡黄或紫黑色的无釉的陶质茶具。紫砂陶的烧制温度在 1 000 ~ 1 200 ℃ 之间，烧成的陶器胎体致密，表面光滑，有砂质效果。紫砂壶的器形造型众多，以几何形为主，有圆形、方形、扁形等。圆形紫砂壶珠圆玉润、骨肉亭匀、线条流畅、隽永耐看。方形紫砂壶方中藏圆、轮廓线条分明；壶的表面空白处较多，方便使用刻画装饰手段，表现文人所喜欢的书法、绘画、篆刻等内容。紫砂壶在造型上，整体与各部分比例协调，遵循平衡、对称、变化、秩序等形式美法则，不仅有整体美，还强调材料、功能与形式的统一。

（二）典型陶器赏析

1. 新石器时期鹿纹彩陶罐

图 2-7 是新石器时期卡约文化鹿纹罐，该彩陶罐为泥质红陶，双耳，侈口，方唇，束颈，垂腹，圈足。器表施以红色陶衣，用黑彩绘制装饰图案。口部绘有双层折线纹，颈部用较粗的短线条绘出斜网格纹。腹部绘有 7 只站立的大角鹿，环绕罐身一周，形象鲜活。整个陶罐造型古朴美观，色彩对比鲜明，纹饰简洁生动。

图 2-7 鹿纹罐（青海省博物馆藏）

2. 新石器时期弦纹网纹彩陶壶

图 2-8 是新石器时期马家窑类型的弦纹网纹彩陶壶，侈口，长颈，鼓腹，平底。橙黄色的陶壶表面通体绘黑彩，从上到下依次为弦纹、交替的网纹与内填"十"字圆点的圆圈纹、弦纹、带圆点的波纹和弦纹。整个陶罐形态优美，图案层次丰富，线条均匀流畅，色彩鲜艳夺目，体现了先民们精湛的制陶工艺和丰富的想象力。

图 2-8 弦纹网纹彩陶壶（青海省博物馆藏）

3. 战国时期米字纹印纹陶罐

图 2-9 的陶罐为日用品，制作时间为战国时期。陶器敛口、短颈、鼓腹，罐体的肩部饱满，向下收敛为圆底。罐体的颜色呈灰黑色，表面布满米字格的几何纹样，轮廓曲线平滑。陶罐造型简洁，整体形态和谐对称，具有古拙的美感。

图 2-9 〔战国〕米字纹印纹陶罐（绍兴博物馆藏）

4. 清代一粒珠紫砂壶

图 2-10 的紫砂壶为日用品，制作时间为清代初期。壶体为球状，平底，圆盖与壶体融为一体，外部轮廓形成光滑柔和的曲线。壶嘴比例适中，壶钮为纽扣形，壶把形似抽象的龙形。壶的颜色呈现淡褐色，表面呈现柔和的亮度。整个壶的制作工艺精湛，构思巧妙，颇显宁静淡泊的文人雅士风格。

图 2-10 〔清〕一粒珠紫砂壶（无锡博物院藏）

二、瓷器之美

（一）瓷器审美概述

虽然瓷器的性能优于陶器，装饰技艺也比陶器复杂，不过二者均是人类用火和土创造出的产物，因此，具有大致相同的审美基础。作为生活中的器物，瓷器同样需要从使用功能、外部形态、表面装饰、象征意义等方面进行分析。

从瓷器的发展历史来看，商代开始出现原始瓷器，东汉出现了成熟的瓷器，从原始瓷器到成熟瓷器经历了一千多年的时间。虽然从胎质、釉料、表面装饰方面，原始瓷器与成熟瓷器有很大的差距，但原始瓷器的器型同样和谐优美，装饰简洁大方，具有一种古朴的美感。

成熟瓷器出现之后，瓷器制造技术不断提高。受当时社会、经济、技术和文化的影响，不同时代的瓷器具有不同的特点。唐代的瓷器绚丽多彩，宋代的瓷器淡远简约，元代的瓷器粗犷厚重，明代和清代的制瓷技术进一步发展，繁华艳丽的彩瓷迎来了发展的高峰。

在瓷器发展的历史过程中，青花瓷是其中影响最为深远的瓷器类型。青花瓷是一种釉下彩瓷，多用蓝白两色，又称白地青花瓷器，是中国传统形式的象征符号之一。青花瓷以氧化钴为颜料，在素洁的坯体上描绘纹饰，再罩上透明釉，经高温一次烧成。青花瓷开始于唐，经过宋代的发展，兴盛于元代，在明代发展到了一个新的高峰。明代的青花瓷器比例合适，蓝白颜色对比鲜明，采用画笔描线与涂染，线条具有中国山水画的晕染效果，别具风格。

作为彩瓷的一种，粉彩瓷器是釉上瓷器的典型代表。粉彩瓷器需两次入窑才能烧造成功。首先在1 300 ℃以上的高温下烧成瓷胎，然后在出窑的白色瓷胎釉面上画出图案的轮廓，在轮廓内填上一层"玻璃白"色料，再在玻璃白上堆填色料，用画笔将堆填的颜色渲染成深浅不同的层次，再入窑以800 ℃左右温度进行二次烧制。粉彩瓷器借鉴了中国画的一些技法，瓷器表面所绘画面，颜色融合，细腻工整，形象生动，富有传统山水画的风格特点。

（二）典型瓷器赏析

1. 战国时期原始瓷杯

图2-11为战国时期的原始瓷杯，该杯器型规整，厚薄均匀，内部装饰简洁的弦纹。杯子的颜色呈淡黄色，器型均衡匀称，有简洁大气之美。

图2-11 〔战国〕原始瓷杯（绍兴博物馆藏）

2. 西晋时期青瓷壶

图2-12为西晋时期的青瓷双系壶，圆盘形口，束颈，圆腹，圈足，器肩部两侧各有一系孔，造型简洁端庄，通体施青釉。

图2-12 〔西晋〕青瓷双系壶（绍兴博物馆藏）

3. 元代青花瓶

图 2-13 是元代的青花缠枝牡丹纹梅瓶，小口，丰肩，收腹，器型圆润流畅。釉色青白，青花发色浓郁，对比鲜明。器身从上到下绘有 5 层纹饰，各用两道弦纹分隔。瓷器的肩上绘有覆莲瓣纹，内绘八宝纹；腹部绘有缠枝牡丹纹，下腹部绘有仰莲瓣纹。整件瓷器的图案以花卉为主题，牡丹、莲瓣等纹样寓意吉祥。

近代学者许之衡在《饮流斋说瓷》一书中详细地描述了梅瓶的形制、特征及名称由来："梅瓶口细而颈短，肩极宽博，至胫稍狭，抵于足微丰，口径之小仅与梅之瘦骨相称，故名梅瓶。"梅瓶因瓶体修长，宋时称为"经瓶"，曾作盛酒用器。

图 2-13〔元〕青花缠枝牡丹纹梅瓶（景德镇中国陶瓷博物馆藏）

4. 明代青花碗

图 2-14 是明代的青花松竹梅大碗，为日用品，形态与现今使用的碗相同。此碗侈口，弧壁，圈足，器型大方。碗口和圈足处各装饰有两道简洁的弦纹，碗身图案以传统的岁寒三友"松、竹、梅"为题材，颇具文人意趣。青白釉色之上的青花发色浓淡相宜，线条洒脱，具有中国传统水墨画的效果。

图 2-14 〔明〕青花松竹梅大碗（景德镇中国陶瓷博物馆藏）

5. 清代粉彩鸡缸杯

图 2-15 是清代乾隆时期的粉彩牡丹诗文图鸡缸杯，为日用品，形态与当今使用的茶杯一致，器型流畅。杯口和足部各装饰有一道弦纹，两圈弦纹之间彩绘有牡丹湖石、婴戏公鸡、雌鸡引雏等图案及诗句文字，画面细腻生动，极具生活情趣。在通体白釉的基础上，以蓝、红、粉、黄、绿、黑等彩绘，色彩鲜明，栩栩如生。

图 2-15 〔清〕粉彩牡丹诗文图鸡缸杯（景德镇中国陶瓷博物馆藏）

第三节　实践练习

一、相关术语

【陶器】用黏土为坯体，经过 800 ℃左右温度烧制的器物。

【彩陶】在陶坯上绘制颜色图案，然后入窑烧制而成的陶器。

【彩绘陶】是指"先烧后绘"的陶器，即先将陶器烧好，然后再用颜料在其表面绘制图案的陶器。

【印纹硬陶】是指质地坚硬，烧成温度较高，胎质细腻，表面有拍印几何纹饰的一种陶器。因其纹饰以几何形为主，又被称为"几何印纹陶"。

【兵马俑】秦始皇帝陵的陪葬陶俑，和真人、真马大小相似，有步兵、骑兵和车兵等不同的兵种，陶俑的形象神态生动，各不相同，排列整齐。

【唐三彩】用富高岭土的白色黏土为原料，先用 1 000 ℃左右温度烧制，然后上釉，再以 800 ℃左右温度烧制而成的一种铅釉陶。烧成的陶器呈绿、蓝、黄、褐等几种颜色，在唐代主要作为随葬品。

【紫砂陶】用特殊黏土作坯体，用 1 200 ℃左右高温烧制而成的一种陶器，发源于江苏宜兴。

【原始瓷】用瓷土作胎、表面施石灰釉，经过 1 200 ℃左右温度烧制而成，胎质和表面与成熟瓷器的性质接近，被称为原始瓷。原始瓷是陶器和瓷器之间的过渡产物。

【瓷器】用瓷土为坯体，表面施釉，经过 1 200 ~ 1 300 ℃温度烧制而成的器物。

【釉】覆盖在陶器或瓷器表面的无色或有色的玻璃态的一个薄层，对陶器或瓷器表面起到保护和装饰作用。

【釉下彩】用彩料在瓷器坯体上施彩，然后罩一层透明釉，入窑后以 1 300 ℃左右高温烧制而成的瓷器品种。

【釉上彩】在瓷器坯体上施一层透明釉，入窑后以 1 300 ℃左右高温烧制，出窑后施彩，再入窑以 800 ℃左右温度进行二次烧制而成的瓷器品种。

【青瓷】是青釉瓷的简称，它是我国最早的颜色釉瓷，釉的颜色呈现青绿、黄绿等色泽。

【白瓷】是白釉瓷的简称，釉的颜色呈现白色。白瓷为青花等彩瓷的出现奠定了基础。

【青花瓷】用氧化钴作为呈色剂，在白色瓷坯上绘制图案，然后施以透明釉、入窑高温烧制而成。青花瓷属于釉下彩瓷，兴起于元代并大量销往海外。

【粉彩瓷】是在烧制好的白釉或单色釉瓷器上，用墨线画出纹饰，在纹饰轮廓内填以玻璃白釉料，然后在其上施加彩料，再入窑用低温烧制。粉彩瓷器的图案颜色有层次感和晕染效果，属于釉上彩瓷器。

二、课堂练习

（一）观察与分析

1. 图 2-16 为新石器时期马家窑类型的彩陶盆，请从使用功能、整体形态、装饰图案和文化涵义等方面分析该陶器的特点，记录在以下空白处。

图 2-16　同心圆圈纹彩陶盆（青海省博物馆藏）　　　　分析记录

2. 图 2-17 为明代的青花葡萄纹菱口盘，请从使用功能、整体形态、装饰图案和文化涵义等方面分析该瓷器的特点，记录在以下空白处。

图 2-17　青花葡萄纹菱口盘　　　　　　　　　　　　　分析记录
　　（景德镇中国陶瓷博物馆藏）

（二）模仿与学习

1. 观察图 2-18 中新石器时期卡约文化彩陶罐的形态及装饰图案，分析其关键特征，制作实物模型，并在以下空白处用手绘图表现所制作的陶罐模型。

图 2-18　大角盘羊纹彩陶罐（青海省博物馆藏）　　　　　　　　　模仿练习

2. 观察图 2-19 中元代青釉瓷器的形态及装饰图案，分析其关键特征，制作实物模型，并在以下空白处用手绘图表现所制作的瓷器模型。

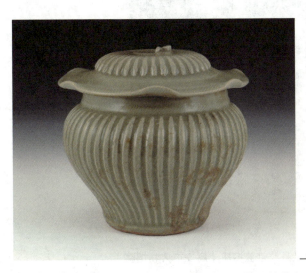

图 2-19　龙泉窑青釉条纹荷叶盖罐（高安市博物馆藏）　　　　　　模仿练习

（三）讨论与总结

查询相关资料，了解传统青瓷的发展历史和风格特点，对比分析不同时期、不同地区青瓷的异同，开展讨论并加以总结，撰写图文报告。

三、小组设计实践

（一）传统梅瓶风格的酒瓶设计

1. 设计题目

图 2-20 是元代的青花云肩牡丹纹带盖梅瓶，瓶盖为盔状，瓶盖顶部以圆钮为中心，绘花苞脉弧线，瓶盖外壁一周绘有覆莲瓣纹。瓶身的装饰图案主要分为 3 段，肩部绘有 4 组内部填绘海水、荷叶和荷花的如意云纹，腹部绘有缠枝牡丹纹作为主体纹饰，腹部下方绘有仰莲瓣纹。瓶身各段之间，分别用卷草纹、菱形纹、弦纹和双弦纹间隔。

图 2-20 〔元〕青花云肩牡丹纹带盖梅瓶（高安市博物馆藏）

根据梅瓶有关资料和所学的陶瓷相关知识，小组合作设计一款传统梅瓶风格的当代酒瓶，详细说明设计意图，并进行展示和汇报。

2. 具体要求

（1）应借鉴传统梅瓶器型和施釉风格；
（2）绘制酒瓶形态和装饰图案的设计草图；
（3）用文字和分析草图等阐述设计概念和意图；
（4）用数字化设计软件生成酒瓶模型（根据设备条件，可选）；
（5）根据设计草图或数字模型，选用橡皮泥或纸黏土等材料制作酒瓶的实物模型；
（6）制作演示文稿，可配合数字或实物模型进行展示与讲解。

（二）成套餐具设计

1. 设计题目

图 2-21 为一套清代康熙时期的青花十二月花神杯，以十二只为一套，每只杯子绘有一个农历月份的典型花卉图案：正月为迎春花、二月为杏花、三月为桃花、四月为牡丹花、五月为石榴花、六月为莲花、七月为兰花、八月为桂花、九月为菊花、十月为月季花、十一月为梅花、十二月为水仙花，分别代表十二个月的花神。

图 2-21 〔清〕青花十二月花神杯（景德镇中国陶瓷博物馆藏）

借鉴上述传统十二月花神杯，小组合作设计一套餐具，详细说明设计意图，并进行展示和汇报。

2. 具体要求

（1）餐具设计应体现传统瓷器的风格特点；
（2）成套餐具可包括盘、碟、碗、筷子、勺等；
（3）整套餐具应风格统一；
（4）绘制整套餐具的设计草图；
（5）用文字和分析草图等阐述设计思路；
（6）用数字化设计软件生成餐具模型（根据设备条件，可选）；
（7）根据设计草图或数字模型，选用材料制作整套餐具的实物模型；
（8）制作演示文稿，可配合数字或实物模型进行展示与讲解。

【本章小结】

本章由3节组成，内容包括陶瓷的基本知识，陶器与瓷器的审美分析，以及陶瓷设计的实践练习。

陶瓷的基本知识包括陶器和瓷器的特点与区别，陶器和瓷器的制作与装饰，典型窑炉和窑厂的特点，陶器和瓷器的发展历史、工艺特点与典型类型。

陶瓷的审美从使用功能、空间形态、装饰图案及风格等方面进行了分析。陶器选择了新石器时期的彩陶、战国时期的米字纹陶罐和明清时期的宜兴紫砂壶作为审美分析对象，瓷器审美选择了原始瓷、青瓷、青花瓷和粉彩瓷进行分析。通过这些审美分析，进一步展示了中国传统陶瓷文化的魅力所在。

实践练习中小组设计实践的部分，采用基于项目的学习方式，通过两个陶瓷设计项目的实践，引导学习者理解创新和传统的密切联系，掌握陶瓷的基础知识，学习陶瓷的审美方法，提高设计能力，激发创新意识和灵感。

【拓展学习】

拓展资料

【课后作业】

一、单项选择题

1. （　　）不属于手制法。
   A. 陶轮旋转法　　B. 捏塑法　　C. 泥片贴筑法　　D. 泥条盘筑法
2. 原始瓷器最早出现在（　　）。
   A. 商代　　B. 西汉　　C. 东汉　　D. 唐代
3. 从陶器到瓷器的飞跃，需要（　　）。
   A. 不同的坯料　　B. 提高烧制温度　　C. 合适的釉料　　D. 以上全部
4. （　　）属于釉下彩瓷器。
   A. 珐琅彩　　B. 粉彩　　C. 青花瓷　　D. 青瓷
5. （　　）属于陶器。
   A. 兵马俑　　B. 唐三彩　　C. 紫砂壶　　D. 以上全部

二、填空题

1. ＿＿＿＿＿＿＿＿＿＿是指在陶坯上绘制颜色图案，然后入窑烧制的陶器。
2. ＿＿＿＿＿＿＿＿＿＿是指用彩料在瓷器坯体上直接施彩，然后再罩一层透明釉，入窑后在 1 300 ℃左右高温一次烧成的瓷器品种。
3. "九秋越窑风露开，夺得千峰翠色来。好向中宵盛沆瀣，共嵇中散斗遗杯。"这首诗中描述的瓷器类型是＿＿＿＿＿＿＿＿＿＿。

三、简答题

1. 对比江苏宜兴紫砂陶和云南建水陶的异同点。
2. 查询宋代四大名窑的资料，选取其中一种名窑的瓷器进行审美分析。

四、实地调研

根据当地情况选择一些调研地点，如本地博物馆、陶瓷作坊等，调查了解本地陶瓷用品的特点，撰写调研报告。

Tradition
Tradition
Tradition

第三章

编织生活

【本章要点】

本章介绍了编织的基本知识,包括草编、柳编、藤编、苇编和竹编等传统民间编织手工艺,重点介绍了竹编的基本知识、特点及应用。选取日用品中平面和立体编织的典型类型与实例进行了审美分析。课堂练习环节着重培养观察、分析和模仿等设计的基本技能。通过小组设计项目的实践,加深对传统编织技艺的理解,提高审美意识与设计水平。

第一节 民间编织

一、编织概述

(一)编织类型

唐代诗人柳宗元在其五言诗《江雪》中写道:"千山鸟飞绝,万径人踪灭。孤舟蓑笠翁,独钓寒江雪。"这首诗描绘出了头戴斗笠、身穿蓑衣的渔夫,在冬日的风雪天里独自垂钓的生动画面。"西塞山前白鹭飞,桃花流水鳜鱼肥。青箬笠,绿蓑衣,斜风细雨不须归。"唐代张志和《渔歌子·西塞山前白鹭飞》里描述的风景与柳宗元在《江雪》中描述的风景形成了鲜明的对比。张志和的这首词描写了春天的乡间风景,天气由雪天换成了雨天,两者的共同点在于人物的穿着。两首诗词中的主人公均戴着斗笠,穿着蓑衣。《诗·小雅·无羊》中有"何蓑何笠",说明蓑衣和斗笠早已出现并沿用至今(见图3-1)。

图 3-1 头戴斗笠身穿蓑衣正在田间插秧的人

斗笠、蓑衣、草鞋和鱼篓等这些日常用品都是编织品，斗笠和鱼篓一般用竹篾编织，蓑衣常采用棕丝编织，草鞋多是草编制品，这些用常见植物纤维编织而成的用品一直伴随着我们的生活。编织的含义很宽泛，不仅指竹编、草编、棕编这类编织，也指丝、棉、毛等编织，在本书中编织的含义特指前一类编织活动。

根据所使用材料的不同，编织可以分为竹编、草编、柳编、棕编、藤编等不同的编织类型。这些编织所用的材料均是无污染、可再生和可重复利用的有机材料，符合当今绿色、环保和可持续发展的理念。每一种编织类型因为材料的属性不同，编织技法、应用范围和制品形态均有所不同。

竹编是用竹篾条、竹篾丝等材料进行编织的工艺，主要流行于长江以南的产竹地区。竹编制品的种类极其丰富，包括席、扇、斗笠、篮、笼、篓、筛、盒、椅、凳、柜、床、帘、屏风、隔断、玩具和工艺品等。此外，过去还曾出现过细竹丝编制的竹衣。

草编是以草类植物的茎、秆、叶为原材料进行加工和编织的工艺。草编制品包括草席、草帽、草鞋、蒲团、扇、帘、玩具和工艺品等。按用料的不同，草编分为蒲草编、蔺草编、麦秸编、稻草编、玉米皮编和麻编等，其中以蒲草编、稻草编、麦秸编较为常见。苇编是以芦苇秆为原材料进行加工和编织的工艺，属于草编的一种特殊类型，主要流行于我国盛产芦苇的河北保定、山东东营和辽宁盘锦等地区。典型的苇编制品有苇席、苇箔和苇帘等。

柳编是以柳条为原材料进行加工和编织的工艺。柳编制品主要产于河北、河南、陕西和江苏等地，类型包括筐、篮、篓、箱、盒和盘等日常用品。一个个提着柳编篮子去赶集的身影，是过去北方农村最为常见的画面。

藤编是以藤条为原材料进行加工和编织的工艺。藤编制品主要产于广东、江西、云南等地，包括各种提篮、椅子、箱子和其他藤编家具等。

棕编是以棕榈树叶为原材料进行加工和编织的工艺。棕编制品主要产于陕西、四川、贵州、湖南等地，主要包括蓑衣、棕绳、棕垫、棕刷、棕扇、凉帽等。此外，用棕叶编的蜻蜓、蚱蜢、螳螂、蝎子和蝴蝶等小玩具也是儿时的快乐记忆（见图3-2）。

上述各种编织类型所选用的材料均属于天然植物纤维，在编织技艺上有共同的物质基础，因此，都采用相同的基本编织方法，即通过挑、压等基本操作来完成编织制作。但因为不同纤维材料的强度和韧性不同，每种编织材料也有一些特有的编织技艺。例如，柔韧性较强的草编除了挑、压的基本操作外，还经常使用缠、绕等操作。

图3-2 棕叶编蜻蜓

在日常的编织工艺中，常常根据需要将各种不同的材料混合使用。例如，当用较为柔韧的草来编织筐或篮时，常常选用强度较大的柳条、藤条或竹条作为结构支架。藤编或竹编家具的制作过程中，藤或竹子的材料也会混合使用。例如，圆竹材料的家具可以选用藤编的面板，反之亦然。各种材料的混合使用给编织制品带来了不同的风格特色，这种跨领域应用也是设计创新的有效方法。

（二）编织历史

我国古代的草、苇、柳、棕、藤、竹等编织技艺历史悠久，品种多样。7000年前，在宁波河姆渡文化遗址中发现了苇席的编织残片。5000年前，浙江宁波的先民已开始利用野生的灯芯草编织草席。在距今4000多年前的浙江湖州钱山漾遗址中，出土了200多件竹编制品，这些竹制品包括篮、簸箕、篓和席等。这些竹编制品制作精细，编法多样，说明新石器时期的编织技艺已经达到了一定的水平。

甲骨文中的"席"字和"宿"字如图3-3所示，其中"席"字的笔画表现的就是编织的席子的形状，而"宿"字的笔画则生动地描绘了一幅人躺在房屋中的席子上的场景。

图3-3 甲骨文"席"字和"宿"字

《礼记·曲礼》中记载："天子之六工，曰土工、金工、石工、木工、兽工、草工，典制六材。"说明当时已有专门的草编工种，并且还有专门的部门负责管理。

春秋战国时期的贵族生活中，大量使用草席。湖南长沙马王堆一号汉墓出土的草席，以麻线为经，以蒲草为纬，周边以绢包缝，编织细密，制作精致。

按照《礼记》的规定，中国古代社会中席的使用与身份是密切相关的，席的质地、颜色、数量、工艺形式、摆放方式等被用来确定身份等级。《礼记·礼器》中记载："天子之席五重，诸侯三重，大夫再重。"语言文字中的"出席""宴席"等词的含义均取自于此。

草席易卷，用来压席的"席镇"也流行起来。浙江绍兴印山大墓出土的春秋玉镇就有19件之多，这些"席镇"的制作材料包括铜、铁、玉、石及陶瓷等，以动物造型居多，有熊、鹿、大雁等。中山国遗址中也出土了很多精美的席镇，诸如双翼神兽、犀牛席镇等，这些席镇文物充分说明当时席子已是贵族必备的生活用品。

三国时期，各类的草席已成为普通百姓常用的物件。《三国志·蜀书·先主传》记载，刘备"少孤，与母贩履织席为业"，可见当时草编已是一门需求很大的行业。

除了草编席子以外，竹编的扇子和箱子也很早就出现了。湖北江陵马山一号楚墓出土了一把竹扇，是迄今我国发现最早的彩漆竹扇。该扇工艺精湛，图案精美。彩漆竹扇呈直立刀形，由扇柄和扇面两部分组成。扇面用细竹篾编织成矩形纹样，表面用红黑两种颜色的漆装饰。这种用细竹篾编织的扇子流行于汉代，在汉代画像砖和画像石上常可以看到。汉代的人们出行时用这种扇子遮挡阳光和尘土，如果路遇熟人不想打招呼，还可用扇子遮住面部，因此，《汉书·张敞传》中将这种扇子称为"便面"（见图3-4）。

图3-4 古代扇子

在湖北江陵另一座楚墓中还出土了一件黑红色彩漆的竹笥，即竹编的箱子。这件竹编箱子的编织技法、整体风格与马山一号出土的竹扇类似，体现了当时楚国先进的编织技艺。

战国时期，秦国的蜀郡太守李冰在修筑都江堰水利工程时，曾用竹子编织成篓兜，在其内装上鹅卵石，用来筑造堤坝，减缓水流，这种竹篓装石的方法被后世广泛应用于洪水治理（见图3-5）。

图3-5 竹篓装石（模型）

唐代还以蒲草编织大幅的、不怕风吹日晒的船帆，俗称蒲帆。在这一时期的新疆吐鲁番地区，还出土了柳编箱子，它以柳条为纬，以麻线为经，用麻线勒紧柳条，形成平纹结构。这种柳编工艺一直到近代，仍为柳编簸箕所采用。

宋代的各类编织用品非常兴盛，北宋画家张择端所绘《清明上河图》中随处可见头戴草帽的民众，以及各种编织制品。出生于北宋之末、生活在南宋的文学家陆游在《十二月十一日视筑堤》诗中写道："西山大竹织万笼，船舸载石来亡穷。横陈屹立相叠重，置力尤在水庙东。"

明代的编织制品包括席、帽、篮、包、垫、杂品等，风格质朴、自然，工艺也细致、丰富，趋于成熟。另外，明代家具中有不少的木制凳、椅、榻、案搭配采用"席芯面"，有藤编、棕编、草编等席芯面。

清代以来，各类编织技艺大多仍在民间流传，并大致形成了近现代编织技艺的基本特点，编织的种类及风格也基本定型。四川成都的瓷胎竹编出现于清代，这种编织工艺是指在瓷瓶、瓷罐、瓷筒、瓷盒的外面，编织一层竹套，以增强对瓷器的保护和观赏性。

二、竹编概述

(一) 竹子文化

竹类植物和玉米、水稻是同一个家族，属于禾本科中的竹亚科。据记载，全世界有竹子1 300多种，主要分布在热带和亚热带地区，其中亚洲最多，非洲次之，而同纬度的欧洲则几乎没有竹子。我国地处世界竹子分布的中心，是世界有名的产竹区。我国的竹子种类很丰富，大约有1 000种以上。我国的很多地方都可以看到竹子生长，位于北方的北京市还有一座以竹命名的公园——紫竹院，不过主要的竹子产区在长江流域及华南、西南等地。

竹子由茎、竿、枝和叶组成，竹子的茎一般位于地下。竿是竹子的主体部分，也是竹编的主要用材，它的材料构造及其物理性质和竹编有着密切的关系。竹子为人类的衣食住行提供了原材料，竹区的生态环境很适于人类的生存和发展。千百年来，竹子在我国的日常生活、经济、艺术和文化中一直占据重要的地位，形成一种独特的竹文化。

在汉字的结构中，有相当一部分是用竹字作部首的，如：篮、筐、篓、笼、简等。关于竹子的成语也有很多，如：青梅竹马、竹报平安、竹篱茅舍、茂林修竹、成竹在胸、势如破竹、罄竹难书。中国的竹文化有着悠久的历史，由此可以佐证。

在纸出现之前，竹简承担着纸的功能，是书写文字的载体。将竹简用绳子或皮条编集在一起称为"篇"或"册"，殷商时代用竹简写的书叫"竹书"。"罄竹难书"用来形容一个人罪大恶极，语出《后汉书》评论王莽"楚越之竹，不足以书其恶"。李密在讨伐隋炀帝的檄文中有"罄南山之竹，书罪无穷"之句。竹简为我们保存了东汉以前的大批珍贵文献，竹子在保存和传播我国古代历史和文化上起到了至关重要的作用。

竹子还是造纸的主要原料，早在9世纪我国就已开始用竹造纸了，明代《天工开物》中有用竹造纸的详细记载。从竹简到竹纸，竹在我国文化发展的过程中占有重要地位。中国传统书法用毛笔书写，毛笔的笔管部分多用较细的竹子制作，笔筒则直接采用中空的竹节制成。

竹子也是制作乐器的重要材料，我国传统的吹奏乐器很多都用竹制作，如喜闻乐见的笛子、箫、芦笙等乐器都是用竹子制成的。

中国传统文人喜爱竹子的态度，还来源于竹子自身的植物特性。"未出土时先有节，便凌云处尚虚心。"这是宋代徐庭筠《咏竹》里描写竹子的诗句。竹子四季常青，外直中空，挺拔秀丽。在中国传统文化里，竹子的生物特性逐渐被演化成一种精神象征，如虚怀若谷、纯洁正直、淡泊宁静、不畏艰辛、宁折不屈等。

在我国传统的装饰图案中，以松、竹、梅3种植物为题材的"岁寒三友"是常见的装饰纹样。与之类似的，还有包括梅、兰、竹、菊4种植物的"四君子"纹样，也经常出现在陶器、瓷器、织物、服饰、家具和建筑装饰上。

很多文人墨客都赞美过竹子，唐代诗人王维在《冬晚对雪忆胡居士家》一诗中写道："隔牖风惊竹，开门雪满山。"说明当时的人们常在庭院中栽种竹子。唐代白居易在《酬元九对新栽竹有怀见寄》中写道："曾将秋竹竿，比君孤且直。"他将其挚友元稹比作坚韧的竹子。唐代诗人刘禹锡在《庭竹》中写道："露涤铅粉节，风摇青玉枝。

依依似君子，无地不相宜。"宋代诗人苏轼更是在《于潜僧绿筠轩》中写道："宁可食无肉，不可居无竹。无肉令人瘦，无竹令人俗。人瘦尚可肥，士俗不可医。"竹被赋予了诸多美好的文化内涵，已成为中华民族精神品格和高尚情操的象征。

历代文人不仅在诗词中表达对竹子的喜爱，大量绘画作品同样是以竹子为主题。竹子有其独特的美丽形态，质朴天然，淡雅清新，竹节错落有致，竹叶摇曳多姿。画竹在我国传统绘画艺术中具有相当高的地位，唐朝中期，竹已形成专门的绘画题材。至清代，石涛、郑板桥、吴昌硕成为一代画竹新风的大师，促进了画竹艺术的发展（见图3-6）。时至今日，中国的画竹艺术仍保持长盛不衰的势头，是中国特有的文化现象。

图 3-6　折扇扇面上的墨竹画

（二）认识竹编

竹编是指用竹丝或竹条篾片，通过挑、压、绞、穿、插等操作来编成物品的工艺。在草编、苇编、柳编、棕编、藤编、竹编等各种民间编织工艺中，竹编应用最为广泛。

竹编工艺中，竹丝或竹片一般被分为"经线"和"纬线"两组，通过对"经线"与"纬线"进行挑、压、绞、穿、插等操作，可以编织出千变万化的竹编图案。较为复杂的三角孔和六角孔等竹编方法中，竹丝或竹片会被分成三组或更多组进行挑、压等编织。

根据用料的不同，竹编工艺可以分为竹片编织和竹丝编织两种类型。竹片编织大多用于盘子和箱子等类物品。竹丝大多用于编织更为细腻的物品，根据竹丝加工尺寸的不同，竹丝编织进一步可以分为粗丝竹编工艺和细丝竹编工艺两种类型。

粗丝竹编工艺的制作过程是先将竹子加工成粗细匀净的篾丝，经过切丝、刮纹、打光和劈细等工序，编结成各种精巧的生活日用品，如席子、门帘、扇子、竹篮、竹篓、屏风、隔断等。

细丝竹编工艺是指用非常细和薄的竹丝，通过各种编织技法，编成竹编用品的工艺。细丝竹编工艺不仅应用于竹编工艺品的制作（如竹丝画），还应用于瓷器上，即瓷胎竹编，又称"竹丝扣瓷"。

瓷胎竹编是用细竹丝在瓷器的外部进行编织的工艺，编织好后与瓷器形成一个整体，对瓷器起到保护、改善使用和装饰的功能。瓷胎竹编最先流传于四川省邛崃市，开始时应用在锡壶上，后改用瓷器作载体。瓷胎竹编制品是竹编工艺与瓷器融合的产物，产品主要有瓷胎茶具、瓷胎花瓶、瓷胎酒具等多种类型（见图3-7）。

图3-7　细丝竹编茶具

根据编织时竹丝或竹片之间留出的空隙大小的不同，竹编可以分为"密编"和"疏编"两种类型。"密编"技法中的竹丝或篾片相扣较紧，之间不留空隙；而"疏编"的竹丝或篾片之间留有较大的空隙，疏密有致，这些空隙也可以根据编法的不同而形成规则的几何纹样。

根据编成的竹制品类型的不同，竹编也分为平面竹编和立体竹编两种类型。

平面竹编是指在平面上进行挑、压、扭、穿、插等操作形成平面图案或制品的编织工艺。平面竹编常用的基础编织法是"挑压"编织法，其他编织法都是由"挑压"编织法变化而来的。"挑压"编织法通过操作竹篾有规律性的"挑"和"压"的操作，编织出有韵律的图案。"挑压"编织法最常用的是"平纹编法"和"斜纹编法"，两种编织方法形成的图案如图3-8所示；其中，位于左边的平纹编织图案中经篾和纬篾之间均留有空隙，因此这种编织也属于"疏编"类型。

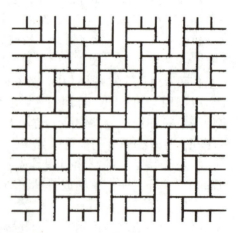

图3-8　平纹编织和斜纹编织

平面竹编的典型产品有竹席、竹帘、竹扇、竹篱、坐垫、杯垫等。

立体竹编将平面竹编形成的面，通过扭、穿、插等操作形成一个立体的编织产品，平面竹编是立体竹编的基础。

立体竹编工艺大体可分材料处理、起底、主体编织、锁口等几道工序。材料处理就是先用工具将竹子加工成各种尺寸的竹丝或竹片，称为竹篾或篾子；起底就是制作立体竹制品的底部；主体编织是用篾子采取"挑"和"压"的制作方式，编成各种平面或曲面；锁口也称为收口，在编织品的敞口部分进行细化处理，使得编织产品最终形成一个整体。

立体竹编典型产品有竹篮、竹盘、竹箱、竹篓、竹笼、竹凳、竹椅、竹编玩具等。

第二节 审美分析

一、平面编织之美

（一）平面编织审美

各种编织制品中的绝大多数都是日常生活用品，它们经济实用，制作精细，历史悠久，在漫长的发展过程中逐渐形成了一种质朴而亲切的美感。最早出现的平面编织物是草席，古代称为莞席，即蒲草编织而成的席子。

平面编织物的审美需要综合考虑材料、功能和形式等基本要素，三者应高度统一。平面编织物的形式美感主要取决于具体的编织技法和装饰，基础编织技法包括"平纹编织"和"斜纹编织"，也有人称其为"十字编"和"人字编"。仅采用这两种最简单的编织方法就可以形成无限变化的图案，这些编织图案通常具有较强的几何特色，视觉上呈现出极强的规律性。平面编织中竹丝或篾片粗细的不同，种类的不同，颜色的不同及使用位置的不同，均会对编织图案产生影响，由此可以形成宽与窄、疏与密、直线与曲线的强烈对比，以及更为丰富、更具层次感的图案效果。

除了上述两种基础编织方法外，还存在很多复杂的编织方法。通过这些复杂的编织方法，平面编织物的表面不仅可以形成简单的几何图案，还可以形成动物、植物、文字和人物图案。这些动物、植物、文字和人物图案通常具有象征含义，体现了我国民间吉祥文化的特色。现代草编或竹编制品中，经常可以看到"福"或双喜文字，这些文字图案表达了喜庆祝福的寓意。

竹编的门帘和窗帘也是一种典型的平面编织物，它的编织方法与竹席类似。此外，传统的扇子也常采用竹编或草编的形式制作完成。传统扇子的外部形状多种多样，相较而言，席子的形状类型较为单一。传统扇子的外部轮廓有圆形、椭圆形、方形、长方形、芭蕉叶形等多种类型。扇面上的装饰图案一般由作为背景和作为中心焦点的两部分图案组成。作为背景的图案通常由编织技法所决定，而中心图案则可以采用其他装饰手段实现，如刺绣工艺。

（二）平面编织赏析

1. 竹帘

图 3-9 是湖南湘西地区的一件竹帘，用细竹丝编织而成。这件竹帘是用竹材为纬，棉线或麻线为经，采用"绞编"方法，工艺精细。竹条有粗有细，穿插排列，疏密有致，富有节奏感。竹帘的拉环制作精美，色彩与整个竹帘搭配和谐。

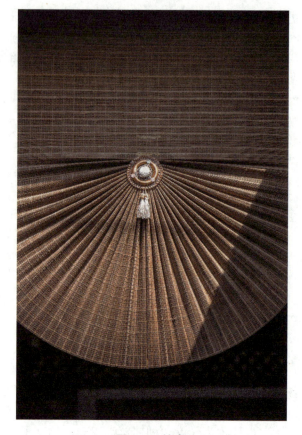

图 3-9　竹帘

2. 竹编簸箕

图 3-10 的竹编簸箕选用原色的宽竹篾，采用斜纹编织技法编织而成，簸箕面呈有规律的人字纹。该竹编簸箕用作室内装饰，以丰收为主题。簸箕中心为装满瓜果蔬菜的提篮，左上方为一幅红色斗方剪纸，剪纸上以毛笔书写一个对称的"丰"字，右上方为饱满的谷粒。整幅图案重点突出，紧紧围绕丰收主题。图案构图疏密得当，和谐对称。颜色采用红、绿、黄等，色彩鲜亮。整个图案融合多种工艺，新颖生动。

图 3-10　竹编簸箕

3. 草编团扇

图 3-11 的团扇采用麦秸秆编织而成，扇面呈圆形。麦秸秆编织的扇面形成多个同心圆，使扇面图案具有节奏的美感。扇面的中心部分为两条龙和各种花纹的对称图案，两条龙盘旋舞动，相对而立。中心图案与麦秸秆扇面之间用一圈盘长纹图案分割。草编作品的颜色主要由黄、红、黑等 3 种颜色组成，风格统一。团扇工艺精湛，构图巧妙，具有浓郁的乡土气息。

图 3-11　草编团扇

二、立体编织之美

（一）立体编织审美

立体编织以平面编织为基础，但工艺流程比平面编织复杂。立体编织的审美同样需要综合考虑材料、功能和形式等基本要素，三者应高度统一。物品的功能，即人们对它的使用要求，决定了编织材料和编织工艺的选择，特定的材料和工艺呈现出特定的形式，反之亦然。

竹编的立体编织工艺流程主要包括材料处理、起底、主体编织、锁口等关键步骤。其中，起底和锁口是立体编织所特有的工艺步骤。因此，从工艺的角度，需要分析编织物起底和锁口部分的处理效果，即连接部分是否过渡流畅。此外，立体编织形成的编织物与平面编织物不同，它具有空间形态。至于平面编织物和立体编织物的装饰手法，二者差别不大。

柳编、藤编或竹编的篮子很早就出现在人们的生活中，现在依然被人们广泛使用。我国的农村地区，各种手工编织的篮子随处可见。篮子可以存放物品，也方便携带出行，给人们的生活带来便利。篮子发展出多种不同的类型，功能和外观也各不相同。有些篮子呈元宝形，有些篮子呈半球形，还有些呈近似的长方体。有的篮子不带盖，有些篮子带盖，常被称为盖篮。不同篮子的提手也不一样，有些提手为曲线型，有些为折线型。从编织工艺角度观察，各种篮子使用的篾片的粗细不同，采用的编法也不同，篮子主体形成的编织图案也各不相同。

竹编有十字编、人字编、六角编、三角编等多种编法，工匠根据编织目标、个人构思而灵活选用不同的编法，生成变化万千的编织纹样。为了美观和耐用，有些竹编、藤编或柳编制品会进行髹漆装饰，经过髹漆处理的编织品，常常呈现深红的颜色，具有一种时光沉淀的美感。

竹编斗笠在我国南方地区较为常见，用于雨天出行或劳动时挡雨。生活在广西环江地区的毛南族，使用当地生长的金竹和墨竹编织成被称为"花竹帽"的雨帽。花竹帽，毛南语称"顶卡花"，意思是"帽底编花""帽底花"。花竹帽不仅具有实用功能，还具有装饰功能，象征吉祥和幸福。过去，毛南族男女青年常将精心制作的花竹帽作为定情信物。毛南族花竹帽制作工艺精巧，外形美观大方，深受人们的喜爱。

竹编篮子和斗笠都是日常生活用品，编织精美的篮子和斗笠，不仅经济实用，而且给人们带来美感。

（二）立体编织赏析

1. 藤篮和竹篮

图 3-12 为现代藤编提篮。提篮开口较大，自上而下逐渐收缩形成平底。篮筐上沿有加固的竹条，提梁也为竹制，呈折线形，转角弧度自然柔和。篮筐的藤编图案呈渐变状，具有节奏的美感。提篮的藤编篮筐为黄棕色，竹制口沿和提梁呈深棕色，色彩简洁明快，和谐统一。

图 3-12 〔现代〕藤篮（无锡博物院藏）

图 3-13 为现代竹编盖篮。盖篮整体呈碗状，圆腹，底部有较矮的圈足，提梁呈梯形。不同的编织方法在篮子表面形成棱状分割线，形似古代的瓜棱形瓷器。该盖篮的整体形态简洁大方，精巧雅致。

图 3-13 〔现代〕竹盖篮（无锡博物院藏）

2. 竹编提篮

图 3-14 为民国时期的竹编提篮，也称为竹编提盒、竹编食盒，主要用来盛装食物。图中的提篮共有 3 层，呈圆柱形，表面用红漆装饰。提篮每层都用红色和黑色的细竹篾编织出精美的几何纹样，提梁上用两条对称的透雕龙纹和浮雕蝙蝠、花卉图案装饰。整个提篮造型端庄，色彩典雅，工艺精湛。

 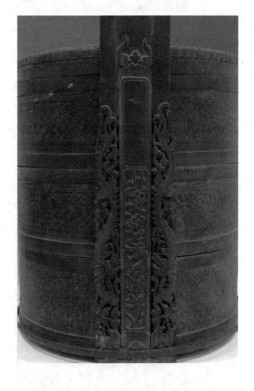

图 3-14 〔民国〕三层提篮（无锡博物院藏）

3. 竹编饭桌与饭盒

图 3-15 是一组我国黎族的竹编物品，包括竹编饭桌、竹编凳子和竹编饭盒。这些竹编品外形灵巧和谐，色彩柔和，图案多变，工艺精湛。每种竹编品都采用了多种竹编技法，物品表面的图案生动丰富，体现了我国黎族人民高超的编织水平和审美趣味。

图 3-15　黎族竹编日用品

4. 竹编雨帽

图 3-16 为广西毛南族传统的竹编雨帽——花竹帽，整体呈圆锥形，由内外两层构成。主体用金黄色的细竹篾编织，在外层的边沿处，用黑色细篾交织出两圈几何纹样花边；内层的外沿也用黑色和金黄色细竹篾编成一圈菱形纹样的花带。整个斗笠工艺精湛，色彩和谐，形态古朴大方。

图 3-16　毛南族花竹帽（广西民族博物馆藏）

第三节 实 践 练 习

一、相关术语

【编织】是指使用工具或者双手使条状物互相交错形成结构组织。包括手工艺中的草编、柳编、竹编等，也包括丝线、棉线或毛线的编织工艺。

【草编】以各种柔韧的草类植物为原材料，通过挑、压、绞、穿、插等操作编织成物品的工艺，称为草编。草编材料有多种类型，麦秸秆、玉米皮、蒲草等常用作草编材料。

【柳编】指用柳条通过挑、压、绞、穿、插等操作编织成物品的工艺。柳编产品包括筐、篮、篓、箱、盒和盘等。

【藤编】指用藤条通过挑、压、绞、穿、插等操作编织成物品的工艺。藤编产品包括提篮、椅子、箱子等。

【棕编】指用棕丝通过挑、压、绞、穿、插等操作编织成物品的工艺。棕编产品包括蓑衣、棕垫和棕编昆虫、玩具等。

【苇编】指用芦苇秆通过挑、压、绞、穿、插等操作编织成物品的工艺。苇编产品包括苇席、苇箔和苇帘等。

【竹编】指用竹篾或竹丝通过挑、压、绞、穿、插等操作编织成物品的工艺。竹编制品包括席、帘、筐、箱、盒、斗笠、扇、椅、凳、桌、篓、笼、篱笆和围栏等。

【日常竹编】制成品用来日常使用的竹编，称为日常竹编。

【工艺竹编】制成品用以展示或收藏用的竹编，称为工艺竹编。

【平面编织】是指在平面上进行挑、压等操作形成平面图案或制品的编织工艺。

【立体编织】是指将平面竹编形成的面，通过扭、穿、插等操作形成一个立体的编织产品。平面竹编是立体竹编的基础。

【竹编篾丝】用于制作竹编产品的细竹丝，多用于编织工艺竹编制品。

【竹编篾片】用于制造竹编产品的粗竹丝或竹片，多用于编织日常竹编制品。

【挑压编织】仅通过对"经线"和"纬线"交替进行"挑"和"压"的操作完成的编织活动。

二、课堂练习

（一）观察与分析

1. 分析下面重庆民居中的竹编小挂篮的空间形态、编织技法及审美特点等（见图3-17），记录在以下空白处。

图3-17　竹编挂篮　　　　　　　　　　　分析记录

2. 分析图3-18中傣族竹楼的陈设，指出其中各种编织物的类型并分析其特点，记录在以下空白处。

图3-18　傣族竹楼陈设　　　　　　　　　分析记录

（二）模仿与学习

1. 用竹篾、纸藤、塑料条或自制纸条等材料，从图 3-19 中选择一种类型的编织球进行模仿制作，并在以下空白处用手绘图表现所制作的编织球。

图 3-19　编织球　　　　　　　　　　　　　模仿练习

2. 用竹篾、纸藤、塑料条或自制纸条等材料，编织制作一个如图 3-20 所示的收纳筐，并在以下空白处用手绘图表现所制作的收纳筐。

图 3-20　编织收纳筐　　　　　　　　　　　模仿练习

（三）讨论与总结

讨论草编、柳编、棕编、藤编、竹编互相之间的异同，将讨论结果用图文说明并撰写总结报告。

三、小组设计实践

（一）竹制围栏设计

1. 设计题目

当今社会为了实现可持续发展，大力发展和推广使用健康、环保、安全与质量优良的绿色建筑材料，竹材是优良的绿色建材并且易于加工。图 3-21 所示的城市竹篱由竹条和钢管编织而成，整个竹篱采用简单的"压一挑一"平纹编织方法，形成了简洁的几何肌理，富有节奏感。明亮的黄色竹条和深沉的黑色钢管形成了强烈的色彩对比，为城市街道增添了活力。

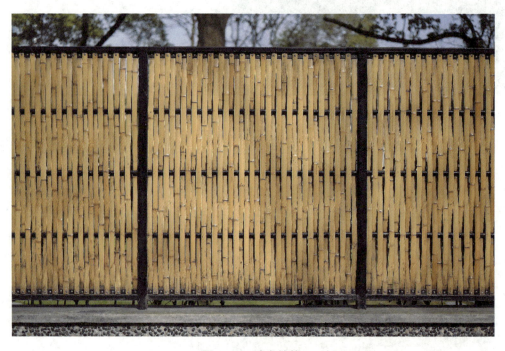

图 3-21　城市竹篱

根据所学的竹编、藤编、柳编、草编等相关知识，小组合作设计一款绿色环保的竹制围栏，详细说明设计意图，并进行展示和汇报。

2. 具体要求

（1）分析围栏的使用需求，确定围栏的应用场所和具体功能；
（2）除了竹子主材，还可选用木材、金属、玻璃等多种材料搭配使用；
（3）绘制竹制围栏整体的设计草图；
（4）设计竹制围栏的装饰图案；
（5）用数字化设计软件生成竹制围栏的模型（根据设备条件，可选）；
（6）根据设计草图或数字模型，选用材料制作围栏的实物模型；
（7）用文字和分析草图等阐述设计理念与思路；
（8）制作演示文稿，可配合数字或实物模型进行展示与讲解。

（二）吊灯创新设计

1. 设计题目

吉祥图案是中国传统民间艺术中的一类典型图案，用来表达各种美好心愿。这类图案多采用象征和比喻的手法，表达了人们对健康、平安、财富及事业的渴望。吉祥图案一般包括文字型和象征型两大类型，典型的吉祥图案可以归纳为福、寿、禄、喜、财等主要几种题材，其中以"福"为主题的吉祥图案最为常见。吊灯适合家庭中客厅或公共场所的大厅内使用，吊灯的材料、款式和风格多种多样，如图3-22所示。

图 3-22　吊灯示例

根据所学的编织和吉祥图案相关知识，小组合作设计一款吉祥图案题材和编织风格的吊灯，详细说明设计意图，并进行展示和汇报。

2. 具体要求

（1）设计应有创新意识；

（2）准备编织材料，可选用竹篾、纸藤、塑料条、自制彩纸条或布条等；

（3）绘制吊灯的整体设计草图；

（4）设计吉祥图案主题的灯罩装饰图案；

（5）用数字化设计软件生成吊灯模型（根据设备条件，可选）；

（6）根据设计草图或数字模型，用准备的编织材料制作吊灯的实物模型；

（7）用文字和分析草图等阐述设计理念与思路；

（8）制作演示文稿，可配合数字或实物模型进行展示与讲解。

【本章小结】

本章由 3 节组成，内容包括民间编织、审美分析和实践练习。

民间编织介绍了草编、柳编、藤编、棕编和竹编等传统民间编织的基本知识，重点介绍了竹编的应用类型和编织技法。

审美分析从编织的材料、技法和形态等多个方面，结合实例进行了解析。平面编织的审美分析，以常用的竹帘、竹编簸箕、草编团扇为例。立体编织的审美，选取江南地区的藤篮、竹盖篮和竹编提篮，海南地区的黎族竹编日用品，以及广西地区的毛南族花竹帽作为案例进行了分析。通过对这些典型类型和实例的审美分析，展示了传统编织工艺的魅力和价值。

实践练习中小组设计实践的部分，采用项目式学习方式，通过竹制围栏设计和吊灯创新设计两个项目的实践，引导学习者理解编织技艺独特的美和价值，掌握编织工艺的基础知识、常用技法和设计方法，激发学习者的创新意识和灵感。

【拓展学习】

拓展资料

【课后作业】

一、单项选择题

1. 我国考古活动中发现的最早的编织物是（　　）。
   A. 草编玩具　　　　B. 草编席子　　　　C. 藤编提篮　　　　D. 竹编提篮
2. 草编可能应用的范围是（　　）。
   A. 帽子　　　　　　B. 席子　　　　　　C. 坐垫　　　　　　D. 以上全部
3. 竹编的应用范围是（　　）。
   A. 日用品　　　　　B. 家具　　　　　　C. 建筑装饰　　　　D. 以上全部
4. （　　）属于编织工艺。
   A. 棕编　　　　　　B. 藤编　　　　　　C. 竹编　　　　　　D. 以上全部
5. 草编可以实现（　　）。
   A. 人字形图案　　　B. 寿字图案　　　　C. 熊猫图案　　　　D. 以上全部

二、填空题

1. _____ 是指用竹篾或竹丝，通过挑、压、绞、穿、插等操作编织成物品的工艺。
2. _____ 是指用于纬度方向编织的竹篾。
3. "人字形"竹编图案采用了编织中基础的 _____ 编织方法。

三、简答题

1. 简述民间编织的类型、各自特点和应用范围。
2. 举例说明竹编的一种基础编织技法。

四、实地调研

根据当地情况选择一些调研地点，如民俗博物馆、传统街区或村落等，调查了解本地草编、竹编、藤编、柳编、苇编或其他编织类型的工艺流程及编织产品的应用现状，撰写调研报告。

Tradition
Tradition
Tradition

第四章

印染织物

【本章要点】

本章介绍了传统丝、麻、棉织品及其印染的基本知识，概述了丝织品、麻织品和棉织品的历史、类型及特点，着重介绍了蜡染、扎染和夹染的工艺流程与特点。选取传统织锦和印染的典型类型及实例进行审美分析。通过课堂练习和设计实践，加深对传统丝、麻、棉织品及其印染工艺的理解，体会传统织锦和印染的美学价值，提高审美能力和设计水平。

第一节　织染技艺

一、蚕桑绸绣

（一）丝绸概论

中国传统的纺织品种类繁多，按纤维原料分，有麻、葛、棉、丝和毛等。麻、葛和棉的分子成分主要是纤维素，丝特指蚕丝，丝和毛的分子成分主要是蛋白质，这两类纤维都属于有机物质。现代很多的纺织品是由合成纤维构成，通常由高分子化合物制成。

传统的纺织品中，丝织品最为人注目，虽然葛布和麻布的应用要早于丝织品，但是丝织品的影响力远远超过其他几种纺织品。丝织品即民间俗称的"丝绸"，其质地优良，种类繁多，风格多样。"亳州出轻纱，举之若无，裁以为衣，真若烟霞"，这是南宋著名诗人陆游在其著作《老学庵笔记》中对亳州所产的一种丝绸的赞美。长沙马王堆汉墓出土的一件丝织品——素纱襌衣，质量仅为49 g，可谓"轻如云烟"（见图4-1）。

丝绸是对传统丝织物的统称，不同的历史时期，丝织品有不同的称谓，有些称呼已经消失不用，有些经过时间的沉淀而保留下来。

织锦是以若干组经线与若干组纬线相互交织，以不同的编织方式形成各种多重组织结构，能够显示多种色彩的纹样。"锦"在中国已有三千多年的历史，从造字法来看，"锦"是"金"字与"帛"字的组合，是我国古代名贵丝帛，也是最高技术水平的织物。成语"锦上添花"、"鲜花着锦"和"繁花似锦"中的

图 4-1　汉代素纱襌衣

"锦"字都与丝绸有密切的关系。商周时已出现了锦的丝织物，是用彩色丝线织成的花纹织物，通过经纬组织的变化和丝线色彩的变化来显现花纹。蜀锦、宋锦和云锦是古代著名的三大名锦，它们也被列入首批国家级非物质文化遗产名录中，传承单位分别是成都蜀锦织绣博物馆、苏州丝绸博物馆和南京云锦研究所。同时，还有各地发展起来的少数民族的壮锦、土家锦、侗锦、黎锦、傣锦、瑶锦、苗锦等织锦。

"绫罗绸缎"是小说故事等文学作品中经常出现的一个词，用来描写人物的穿着奢华富贵。"绫""罗""绸""缎"，分别代表几种不同类型的丝织品。以"绫"为例，在上述几种丝织物中，"绫"出现得较早，可以追溯到商代。它可以分为素绫和有图案的纹绫。"绫"盛行于唐代，当时的官服就是以不同级别的"绫"作衣料。唐代诗人白居易在其诗《缭绫》中写道："织为云外秋雁行，染作江南春水色。广裁衫袖长制裙，金斗熨波刀剪纹。异彩奇文相隐映，转侧看花花不定。"这首诗生动描绘了丝绸服饰之美。

缂丝也被称为"刻丝"，它是丝织工艺的一种重要形式，是用通经断纬的特殊工艺织成的带有花纹的丝织物。在新疆吐鲁番发现的一条唐代缂丝带，是目前发现的最早的缂丝实物。从这件缂丝实物可以推断，至晚在唐代，缂丝工艺已经出现。缂丝有两种形式，实用型和艺术型。南宋时期涌现出一批缂丝名家，他们以朱克柔为典型代表人物，创作了一系列巧夺天工的缂丝艺术品，主题多为花鸟或人物，形象惟妙惟肖。这些缂丝艺术品现在收藏在北京故宫博物院、上海博物馆和台北故宫博物院中。

（二）丝绸历史

中国是世界上最早开始养蚕的国家，1926年，山西夏县的新石器时代遗址中出土了半个蚕茧，人们推测这个时期当地的人们已经开始饲养蚕。1958年，浙江吴兴钱山漾的新石器时代遗址中曾出土碳化的丝的残片。考古学家综合推断，新石器时期黄河中下游和长江流域可能已经驯化了野蚕并学会了制作丝绸（见图4-2）。

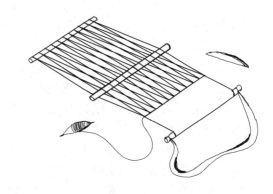

图4-2 原始织机

蚕桑业在商代已成为十分重要的产业，青铜器上开始出现"蚕纹"。甲骨文中不仅已经出现了蚕、桑、丝、帛等字，还出现了"蚕示三牢"的记载，即用最高规格的标准——牛、猪和羊来祭祀蚕神，说明当时的社会非常重视丝织业。

西周时期已经出现了养蚕、缫丝、织帛、染色等工艺流程的专门分工，《考工记》中不仅记载了缫丝、漂白、晾丝、练丝的方法，还记载了织物染色的方法。

春秋战国时期，种桑养蚕，抽丝织绸已经成为普遍的现象。当时的齐鲁地区成为著名的丝织品生产中心。同一时期的希腊历史学家记载了有关中国丝绸的贸易活动，并把中国称为"丝国"。这一时期开始出现用丝织物进行书写和绘画的"帛书"与"帛画"。其中，"帛画"的形式一直延续到近代。

汉代有锦、绮、绫、罗、纱、绢等十几种丝织品。西汉张骞两次出使西域，凿通了连接中西贸易的通道。这条贸易通道被德国地理学家李希霍芬命名为"丝绸之路"。这条陆上丝绸之路以西汉都城长安（今陕西西安）为起点，经甘肃和新疆，到达中亚和西亚，并进一步延伸到地中海的东罗马及西欧、南亚等国。通过丝绸之路，中国发明的丝绸、瓷器和茶叶等商品向西输送，同时，来自西方的特色商品也源源不断地进入中国。

隋唐时期，纱、罗、绫、绮、缎等各类丝织品继续发展，品种丰富，工艺水平较魏晋南北朝有很大的提高。在纬锦（纬线起花的织锦）的工艺基础上发展起来的晕裥锦是这一时期出现的特色丝织品。蜀锦也是这一时期重要的丝织品，产生于四川成都地区，汉代已经开始出现，在三国时期的蜀国得到进一步的发展。唐代诗人刘禹锡在《浪淘沙·其五》诗中写道："濯锦江边两岸花，春风吹浪正淘沙，女郎剪下鸳鸯锦，将向中流匹晚霞。"

宋代主要的丝织品是织锦，这个时期的锦的类型繁多，制作精细。元代陶宗仪的《辍耕录》中记载的宋锦类型将近40种，其中最为名贵的是八答晕锦。此外，宋代还出现用于书画、屏风、条幅等装裱的织锦，这些织锦均被称为"宋锦"。

元代最有特色的丝织品被称为"纳石矢"，元代的统治阶级来自游牧民族，这些草原游牧民族有喜欢金银器物的风俗习惯，也喜欢用金银装饰居住环境和服饰。"纳石矢"就是一种织金锦，即用金银丝线装饰的丝织物，这种采用金银装饰的丝织品显得更加富丽堂皇。除了织金锦以外，元代的缎、罗等丝织品也有用金线装饰的类型，即织金缎和织金罗。

明清时期的丝织工艺发展到了新的高度，不仅种类多样，而且制作工艺成熟。其中，云锦属于最具代表性的丝织品。云锦是在蜀锦和宋锦的基础上发展而来的，吸取了上述两种锦的特色。云锦在这二者的基础上进一步推陈出新，织造手法更加复杂多样，在传统织锦的技法中还加入了大量金线，制作完成的云锦色彩绚丽，灿若云霞，形成云锦独特的风格特点。清初诗人吴伟业在其词《望江南·本意（其十一）》中写道："江南好，机杼夺天工，孔翠装花云锦烂，冰蚕吐凤雾销空，新样小团龙。"这首词充分表达了作者对云锦的赞美之情。

物品的形态与材料、结构及加工工艺有关，丝织品也不例外。各种丝织物的外部形态与蚕丝材料、纺织方式及加工工艺密切相关。丝织品加工的工艺流程不同，有繁有简，与织法和织机的功能有关，如织造有花纹的织物需要用提花机。复杂的加工工艺需要功能更加全面的织机，因此，丝绸的发展也取决于织机的发展，取决于掌握纺织机械原理和知识的创新人才。三国时期魏国的发明家马均就是典型代表，他改进了当时的织绫机，极大地提高了织锦的效率和品质。

（三）丝绸装饰

印染包括染色与印花两方面的内容，其加工对象是各种纤维材料（包括天然纤维和化学纤维等）和纺织物。印染是用染料或涂料，通过物理、化学方法对纺织品进行染色和印花的工艺，既是一项生产活动，也是一种艺术创造。

丝绸织物之所以广受欢迎，原因不仅仅是其轻薄光滑、亲肤舒适的特点，还有丝绸织物表面折射出的绚丽光泽。丝织品的色彩可以通过两种方式实现，一种是先将丝线染上颜色然后进行织造，从而生产出色彩和图案丰富的丝织物，典型代表就是各种织锦。另一种方式是先用未上色的丝线进行织造，织造完成后再进行染色。染色的方式包括直接在织物表面进行手绘或印染，或者采用蜡染、绞染、夹染等方式进行染色，典型代表包括传统丝织品中的绮、纱、罗和绢。

刺绣是一种重要的织物装饰工艺，是用彩色丝线、棉线、毛线等，借助针的穿刺运行，在缎、绸、纱、绢、棉布、麻布、毛织物的表面，形成几何、植物、动物、人物或文字图案，使得织物的外观更加精美和富有寓意（见图4-3）。刺绣在古代称作"针绣"或"针黹"，民间也称其为"女红"。刺绣与美丽的织锦并列，统称为"锦绣"。

刺绣具有极高的审美价值和丰富的文化内涵，我国的刺绣艺术历史悠久，早在远古时期就伴随着针和织物的产生而诞生。在北京山顶洞遗址中曾发现了一枚距今约2万年的骨针，推测当时的人们用这枚骨针缝制兽皮，用来遮蔽身体、御寒挡雨或携带物品。丝绸作为我国传统织物中的典型代表，其历史源远流长，可

图4-3 传统刺绣

以追溯到人类新石器时期，在我国北方和南方地区的一些新石器遗址中均发现了丝的残片。针和丝绸的出现为刺绣工艺的产生奠定了物质基础。

目前考古尚未找到商代和西周时期完整的刺绣实物，但已经发现了西周时期的刺绣残片。刺绣是绘画的姊妹艺术，《考工记》便将刺绣列在绘画之内，认为"五彩备，谓之绣"。1982年，湖北江陵发现了战国时期的刺绣丝制品，这一发现和类似的其他发现说明春秋战国时期的刺绣工艺已经具备相当高的水平。

汉唐时期的刺绣高度发展，宋代刺绣服装在民间广为流行，明代刺绣已成为表现力极强的艺术手法，产生了苏、粤、湘、蜀四大名绣。图案内容多为吉祥寓意，设色与针法各具特色。与织锦、印染工艺相比，刺绣能够较为自由地表达创作意图，实现更为丰富、生动和细腻的装饰效果。服装刺绣常以衣领、门襟、袖口、裙边等为主要装饰部位，起到对比和强调的作用。

刺绣如同丝绸一样，也向实用型和艺术型两个方向发展。其中，顾绣就是后者的代表，顾绣艺人致力于创作一些巧夺天工的绣画作品。

二、民间印染

（一）麻布与棉布

"臣本布衣，躬耕于南阳，苟全性命于乱世，不求闻达于诸侯。"这是三国时蜀国丞相诸葛亮所作《出师表》中的内容。布衣是古代封建社会中普通百姓的穿着，文中

代表平民百姓。文中的布衣最有可能是麻布衣服，因为在三国时期，下层百姓多数只有麻衣或葛衣可穿。棉布衣服到宋元才开始流行，而丝绸和毛皮服饰是奴隶和封建社会中统治阶级的专属。

苎麻、葛是人类最早用来纺织的野生植物，苎麻是中国特产，是一种多年生草本植物，雌雄同株，一年可收割3次。苎麻纤维坚韧、柔和而有光泽，用它织成的布，穿起来挺括、凉爽，适合南方地区夏天穿着。因此，苎麻布又叫"夏布"。

葛是一种多年生植物，主要生长于我国东南地区，块根可入药，其藤茎纤维可作纺织原料，可制葛布。在距今约六千年的江苏草鞋山遗址中出土了葛布残片。《韩非子·五蠹》中记载远在尧的时代，人们"冬日麑裘，夏日葛衣"。周代已经普遍掌握了加工麻的方法，《诗经》中记载："东门之池，可以沤麻。"

春秋战国时期，葛的种植扩大到长江中下游地区。汉代袁康的《越绝书》中记载："勾践罢吴，种葛，使越女织制葛布，献于吴王夫差。"

三国时期曹植在《种葛篇》中写道："种葛南山下，葛蔓自成荫"，说明这个时期葛并未消失。

隋唐时期，随着社会经济的快速发展，人们对于服饰原料的需求增大，而葛藤生长周期长，加工困难，葛布逐步被麻布所取代。但岭南的雷州半岛地区，仍然保持着葛布的生产和加工。

宋代，丝和麻织品继续发展。当时的文学家黄庭坚在《上大蒙笼》中写道："清风源里有人家，牛羊在山亦桑麻。"

元代开始，中原和长江流域地区大面积种植棉花，棉纺织业普遍兴起。在海南岛有多年生活、生产经验的黄道婆，归乡后对内地棉纺织业的发展也起到了极大的推动作用。

"吉贝""白叠"是西南和西北地区的少数民族给棉花、棉布所取的名字，这些地区少数民族的棉纺织业和汉族丝、麻纺织业的历史一样悠久。从西南和西北传入和栽培的棉花是两个完全不同的棉花品种，前者是木本亚洲棉，后者是草本非洲棉。

（二）布的印染

麻布和棉布也需要染色，染色的方法与丝制品基本一致。我国最早用染料在纤维织物上施加花纹的方法是手绘，称作"画绩"。据《考工记》记载，西周设有画绘工，专门给帝王和贵族的衣服绘画。春秋战国时期除了使用矿物颜料外，已经广泛采用植物颜料，开始人工大面积种植蓝草。

秦汉时期，我国的西南、西北地区已出现了蜡染。出土于新疆民丰的两块东汉蓝地白花蜡染花布，是中国迄今为止所发现最早的蜡染纺织品实物。汉代还出现了木版捺印和手绘相结合的印染方法。

隋唐时期，流行的印染方法有夹缬、绞缬和蜡缬等。此外，这一时期还出现了碱印、拓印等工艺。

宋代出现了浆水缬工艺，制成的印染品俗称"药斑布"。浆水是指用石灰和豆粉调制成的胶状浆料，起到和"蜡"一样的防染作用，而且更加便于涂绘。

元代的印染工艺更加多样化，明代通俗日用类书《碎金》中记录了元代9种不同的印染工艺。

明清时期流行将棉布用植物靛蓝染色，制成蓝布和蓝印花布。其中蓝布多用于制作服装（见图4-4），而被面、床单、包袱布、帐檐、枕巾、围裙、肚兜、围嘴等，大多用蓝印花布制成。明代杨循吉在《吴邑志　长洲县志》中记载："药斑布，其法以皮纸积楷如板，以布幅阔狭为度，錾镂花样于其上，每印时，以板覆布，用豆面等药如糊刷之，候干方可以入蓝缸浸染成色。出缸再曝才干，拂去元药，而班烂染布碧花白，有若描画。"文中的"药斑布"即指蓝印花布，所描述的防染印花工艺与现今的"漏版刮浆法"基本相同。

图4-4　蓝布女褂

（三）蓝印花布

蓝印花布又称"蓝花布"，有广义和狭义两种含义。传统的蜡染、扎染和夹染，大多是以靛蓝为染料，在白布上染出蓝底白花或白底蓝花的图案，因此，广义上均称为蓝印花布。狭义上的蓝印花布是指采用漏版刮浆法和蓝夹缬染出的蓝白花布。

传统蓝印花布的印染工艺有"点蜡法""扎染法""蓝夹缬"和"漏版刮浆法"等几种常见的方法。

"点蜡法"来源于古代的蜡缬法，是一种将"蜡"作为防染剂的工艺。一般使用铜制或竹制的蜡刀工具，蘸取融化的蜡液在要染色的白布上画出图案，待蜡迹晾干后将布匹浸入靛蓝等染液中，一段时间后取出晾干，浸泡染色和取出晾干可重复多次以获得深蓝色，最后将染色后的布匹进行脱蜡处理。"点蜡法"制成的蓝花布，布面上会呈现出蓝底白花的图案。点蜡法现今主要流行于贵州、云南、湖南等省份中苗族等少数民族生活的地区。

"扎染法"来源于古代的绞缬法，这种工艺首先对白布进行折叠、缝绞、绑扎、打结等防染处理，使染液在被处理的部位不能浸染上色，然后将扎好的织物投入靛蓝等染液中进行染色，拆解扎结部分、展开布料后会出现蓝白相间的图案。"扎染法"制成的蓝花布，图案多呈放射状。由于染液对织物浸染的程度不同，常常形成自然晕散的特殊效果。如果先将织物对折后再进行扎染，可形成反射对称的图案。如果将布匹有规律地多次折叠后再进行扎染，可以形成二方连续的图案。扎染法现今主要流行在云南大理、四川自贡等地，云南大理地区的白族以擅长扎染而知名。

"蓝夹缬"来源于古代的夹染法，是一种用两块表面平整并阴刻有图案纹样的木版夹紧织物进行染色的方法。具体做法是将两块木版刻有图案的一面朝内夹紧织物防染，将靛蓝染液从两块木版侧面开孔的地方灌入，蓝色染液随着木版内侧的图案刻线流动，将刻线处的织物染成蓝色，从而形成白底蓝花的图案。因为织物通常是对折后上染，因此，"蓝夹缬"形成的图案一般为反射对称的形式。这种特殊的印染工艺至今仍存在于浙江南部的部分地区，这种工艺生产出的布料属于狭义概念上的蓝印花布。

"漏版刮浆法"是在古代腊缬法和夹缬法的基础上发展而来的，属于防染印花工艺中的一种，狭义概念中的蓝印花布主要指这种工艺生产出的蓝花布。使用这种工艺生产的蓝印花布，即古代所称的药斑布。随着材料和工艺的发展，漏版由最初的木版换成了涂有桐油的"油纸版"，用于防染的蜡液也换成了由豆粉和石灰调制成的灰浆。将调好的防染灰浆通过刻有镂空花纹的油纸版刮在白布上，然后将布料晾干固化防染灰浆后浸入靛蓝染缸内染色，染色后刮去灰浆就制成了蓝地白花图案的花布。灰浆是一种碱性的防染剂，它对蚕丝纤维的损伤较大，而棉纤维耐碱，因此，这种使用灰浆作为防染剂的印花工艺，逐渐应用于棉布印染并沿用至今。这种蓝印花布因为工艺简单，生产出的花布美观耐用，曾广泛流行于江苏、浙江、山东、湖南、湖北、山西等省份。图4-5 为蓝印花布染坊。

图4-5 蓝印花布染坊

(四)彩印花布

彩印花布是我国民间一种传统的印花布,通常以棉布为印坯,颜色比蓝印花布更为丰富,最初多以茜草、栀子、蓝草等植物染料印染。彩印花布流行地区很广,山西、陕西、河南、山东、江苏、浙江、新疆等地都有生产。

中国彩印花布的历史,最早可追溯到长沙马王堆西汉墓出土的"印花敷彩"丝织品。秦汉时期已形成了较为成熟的彩印染制技法,隋唐时期更是在制作工艺与图案纹样上得到了很大发展,明清时期彩印花布的工艺水平进一步提升。

彩印花布色彩鲜艳,对比强烈,多以花、鸟、虫、鱼、人物、器物的形象为题材,构图饱满,多呈对称形式,富有吉祥幸福的寓意(见图4-6)。

图 4-6 彩印花布

彩印花布根据制作工艺可分为纸版漏印、木版拓印和木版捺印等3种类型。

纸版漏印是传统彩印花布工艺中常用的一种方法,原理与蓝印花布的常用工艺——"漏版刮浆法"基本相同。先在油纸上镂刻图案形成花版,再将防染灰浆涂抹在油纸花版上并使灰浆漏印到坯布上,坯布晾干后放入染缸进行染色,然后刮去防染灰浆就形成了印花图案,彩印花布采用多版套印来形成多种颜色的图案。

凸纹模版印花,也称凸纹木版印花,先在刻有凸纹图案的木版上刷上染料,然后将坯布铺在木版上,用挤压的方式将颜色印到坯布上,从而制成花布。这种方法类似传统木版年画的制作方法,也称木版拓印。

我国新疆维吾尔族通常采用木戳印法或模戳印法制作花布,这种方法属于木版捺印,类似传统的盖印章。用雕刻着图案的木制模具蘸上天然染料,戳印到手工纺织的坯布上形成彩印花布,具有鲜明的地域特色。

第二节 审美分析

一、织锦之美

（一）织锦审美

汉代是我国历史上较为繁荣的时期，丝绸日益普及，织锦技术快速提高。在丝绸的主要产区，汉朝政府设置了专门的管理机构，使丝织技术获得了进一步的提高并逐步定型，形成了中国丝绸技术的古典体系。

汉代织锦的组织结构多为平纹经锦，多采用植物染料进行染色，少数采用矿物染料。汉代织锦工艺精湛，质地精美，构思巧妙，色彩丰富。织锦图案多以飞禽、瑞兽、羽人、云气、植物、山林、日月及各种吉祥文字等为题材，反映了汉代社会迷信神仙方士、希望长生不老和永享幸福生活的社会心理。汉代织锦图案通常以对称的结构进行布置，构图饱满，寓意丰富。图案中的各种飞禽和动物常常以自由翱翔和快速奔跑的姿态呈现，配合涌动的云纹及高低起伏的山峦，使得整个织锦图案富有动感，极具想象力和艺术感染力。

壮锦又称"僮锦"，是我国壮族的传统手工织锦，据传约起源于宋代。清代王锦所著《柳州府志》中记载："壮锦各州县出，壮人爱彩，凡衣裙巾被之属，莫不取五色绒，杂以织布为花鸟状，远观颇工巧炫丽，近视而粗，壮人贵之。"壮锦织物的图案和色彩，具有浓厚的少数民族特色，用色尤为丰富。

壮锦纹样多以方胜菱形纹作骨架，以回形纹、云雷纹、鸟兽纹为主，并配以万字花、水波浪、七字花、山峦风景等进行填充。图案在布局上严谨而富有变化，具有浓厚的装饰气息。壮锦以色织为主，色彩对比强烈、鲜明而悦目。

西兰卡普是我国土家族织锦，其历史源远流长。"西兰"在土家语里是铺盖（被面）的意思，"卡普"是花的意思，"西兰卡普"意思为土花铺盖。织造西兰卡普被称为"打花"，织物主要有铺盖和花带两种。传统的西兰卡普以丝、棉、麻为原料，以红、蓝、黑作为经线颜色，纬线颜色不限；构图以直线和斜线为主，多呈对称形式。

西兰卡普的勾纹图案，以八勾纹为基础，发展出了十二勾纹、二十四勾纹、四十八勾纹等。四十八勾纹以八勾纹为中心，向外扩散三层，勾纹的数量依次为八、十六和二十四，总计四十八。每一层的勾纹图案，其底色也形成了对应的勾纹，一正一反互相嵌合，设计非常巧妙。

（二）织锦赏析

1. "五星出东方利中国"锦护臂

图4-7所示的这块"五星出东方利中国"锦护臂是汉晋时期的织物，出土于新疆和田地区民丰县尼雅遗址。织锦图案由"五、星、出、东、方、利、中、国"8个汉隶文字与星纹、云纹、凤鸟、辟邪、猛虎图案组成，珍禽瑞兽之间织有祥云缭绕，巧妙地将神态各异的动物分割开来。白色丝线织出的"五星出东方利中国"文字位于每行动物图案之间。织物采用植物染料的青、赤、黄、白、绿五色与五星对应，在丰富的图案中呈现了中国传统的阴阳五行学说。整个画面布局匀称，图案夸张。

同时出土的另一块织锦残片上的文字为"讨南羌"，被认为是出自同一织物。将两块织锦上的文字连起来，即"五星出东方利中国讨南羌"。汉代的人们认为金、木、水、火、土五星同时出现在东方天空，被认为是吉兆的体现。据《汉书·赵充国传》记载，汉宣帝神爵元年赵充国用兵羌地，宣帝赐书："今五星出东方，中国大利，蛮夷大败。"

图4-7 "五星出东方利中国"锦护臂（苏州丝绸博物馆复制品）

2. 凤鸟纹壮锦被面

图4-8所示的是一幅壮族凤鸟纹壮锦被面,墨蓝线织地,以黄线织出勾连云纹形成斜方格网,勾连纹在网格的交点处折角后形成小的八边形,内填小的柿蒂夔龙纹图案。斜方形网格相邻的两行交替布置两种图案,一行是网格内由蓝色线和橘色线织出正八边形轮廓间隔布置,内填分别由紫、橘、白色线和蓝、黄、白色线织成的柿蒂夔龙纹图案。另一行交替布置纵横都对称的四凤鸟纹图案和四双鱼纹图案。这种利用棉线或丝线编织而成的精美工艺品,图案生动,结构严谨,色彩斑斓,充满热烈、开朗的民族格调,体现了壮族人民对美好生活的追求与向往。

图4-8　壮族凤鸟纹壮锦被面(广西民族博物馆藏)

3. 西兰卡普

图4-9所示的是一幅湖北恩施土家族织锦——西兰卡普,该图案为西兰卡普中典型的四十八勾纹。这幅西兰卡普色彩鲜艳,对比强烈。为了区分镶嵌在一起而互为图底的勾纹,每层都选用了反差鲜明的两种色彩来织出勾纹,如红色和紫色、红色和绿色、红色和蓝色等,在两种颜色的勾纹之间,另用白色或黄色线条勾勒轮廓进行分隔,使得这些勾纹更加清晰明丽。每层勾纹均为对称图形,所形成的四十八勾纹单元也是对称形式,然后通过四方连续的构图方法形成整体,不断重复出现的勾

纹具有节奏的美感。

图4-9 土家族西兰卡普

二、印染之美

（一）印染审美

蓝印花布的特点是采用纸板刻花漏浆防染工艺，通过该工艺产生清新质朴的纹样和蓝白对应的审美效果。蓝印花布所用纸版都是手工刻制而成的，犹如剪纸艺术，具有淳朴、粗犷、明快的风格。

蓝印花布的图案吸收了织染、刺绣、年画、编织、陶瓷、雕刻等传统工艺中吉祥图案的元素，吉祥图案的特点是"图必有意、意必吉祥"，各种形式的人物、动物和花卉造型，都融入了人们美好的精神寄托。吉祥的纹样题材是蓝印花布的主要应用图案，其艺术形象往往被高度概括和夸张，具有浓郁的地方特色。

蓝印花布的图案多呈对称分布，图案饱满，多采用二方连续和四方连续的图形结构。蓝印花布独特的印染工艺也决定了其图案线条的特点，有些采用圆点排列成线，形成蓝印花布独特的风格。

蜡染织物的图案内容多样，有花、鸟、虫、鱼等具象纹，也有丰富的几何纹，浸染时蜡在浸染过程中会生成自然生动的"冰裂纹"，这也是蜡染图案的特色之一。我国西南地区的苗族，依然喜爱用古朴清新的蓝白蜡染图案装饰的织物。

扎染织物的图案以抽象和写意为特色，不同的扎染方式形成不同的图案效果，例如，将坯布进行各种折叠后再扎和染，可产生具有对称效果的图案。扎染图案或古朴粗犷或细腻有致，染料的自然渗透产生千变万化的"晕纹"。其中，大理地区的白族扎染较为有名。

（二）印染花布赏析

1. 蓝印花布

图 4-10 所示的是一幅"鲤鱼跃龙门"蓝印花布门帘，采用传统的制作技法完成，白坯布为手工制作，用"豆灰防染法"进行染制。门帘采用框式构图设计，门帘图案由内框和外框组成，外框较窄，装饰着对称的花卉和龙纹图案。内框门帘图案被分为上、中、下 3 个部分。上部为花篮与双喜图案，中部为凤凰牡丹图案，下部是鲤鱼、龙门和飞龙的图案，寓意鲤鱼跳龙门的含义。门帘构图巧妙，层次分明，和谐对称。蓝底白花的花布显得朴素幽雅，清新明快。图案中的龙、鲤鱼、凤、牡丹、喜字等花纹充满了喜庆的气氛。

图 4-10 "鲤鱼跃龙门"蓝印花布门帘

2. 蜡染

图 4-11 是一件苗族蜡染作品，整体图案呈四重旋转对称，中心的圆形纹样好像放射光芒的太阳，太阳纹样周围是 4 个等间隔排列的蝴蝶图案，每个蝴蝶图案均呈镜像对称。4 角绘制了对鸟和蝴蝶图案。图案中的太阳、蝴蝶和鸟的纹样较为抽象。整个图案线条光滑均匀，构图平衡中蕴含变化，具有浓郁的民族风格。

图 4-11　苗族蜡染

3. 扎染

图 4-12 所示扎染作品构图简洁大方，内圆外方，圆形中心为对称的花纹，方形的四角分别绘制了石榴图案。蓝白颜色对比鲜明，构图简洁大方、和谐均衡，图案富含吉祥喜庆寓意。

图 4-12　扎染

第三节 实践练习

一、相关术语

【织物】用各种纤维通过交叉、绕结或连接等组织方式结合而成的制品，即纺织品。

【传统织物】用天然纤维和传统工艺加工而成的织物，包括麻织物、丝织物、棉织物、毛织物等。

【现代织物】用现代材料和纺织工艺加工而成的产品。

【丝绸】蚕丝织物的总称。

【缫丝】将蚕茧抽出蚕丝的工艺。

【纺纱】用手工或机械的方法将各种天然或人造纤维加工成纱线的过程。

【织机】将各种纤维加工成的纱线编织成布料的工具或机器。

【织锦】用彩色经线与纬线，以不同的编织方式形成各种复杂的多重组织结构，能够显示出精美彩色图案的高级织物。

【刺绣】用针和线在织物上绣出各种图案的传统技艺。

【印染】使织物染上特定颜色从而形成花纹的织物装饰方法。按照工艺的不同，可以分为直接印花和防染印花两大类。在染料的使用上，前者多采用矿物染料，后者则以植物染料为主。

【染料】能够使纤维或纺织品着色的化合物，通常分为天然染料和人工合成染料，天然染料来源于植物、动物和矿物质。

【靛蓝】用蓼蓝、菘蓝、木蓝、马蓝等植物叶子发酵制成，或者人工合成的深蓝色有机染料。

【蜡染】也称点蜡法，是一种使用熔化的蜡作为防染剂的印染手工艺。其制法是通过蜡刀蘸取蜡液在织物上绘制，然后将其投入染液进行染色，除蜡后得到印染图案。

【蓝印花布】主要指以靛蓝为染料，用豆粉和石灰调制成的灰浆防染，通过油纸版漏印制成的有蓝白图案的花布。

【防染法】使用化学防染剂或物理防染技术来防止染料在设定的区域上染色，从而在织物上形成图案或纹样的印染方法。民间流行的蜡染、扎染、蓝印花布和彩印花布大多属于防染印花。

【防染剂】印染工艺中用于防止染料在纤维或织物上着色的物质。

【民间布艺】以布为原料，集缝制、刺绣、拼贴、剪纸等传统民间工艺为一体的综合艺术形式。

二、课堂练习

（一）观察与分析

1. 观察下面图 4-13 中的蜡染百褶女裙，从面料、工艺、图案和风格等方面分析这条裙子的特点，记录在以下空白处。

图 4-13　苗族蜡染百褶女裙（广西民族博物馆藏）　　　　　　　分析记录

2. 观察下面图 4-14 中非常具有民族特色的壮族织锦背袋，从面料、工艺、图案和风格等方面分析这个锦袋的特点，记录在以下空白处。

图 4-14　壮族黑地白鸡纹织锦背袋（广西民族博物馆藏）　　　　分析记录

（二）模仿与学习

1. 观察下面图 4-15 中蓝印花布的图案，分析其关键特征，在以下空白处进行临摹。

图 4-15　蓝印花布图案　　　　　　　　　　　　　　模仿练习

2. 观察下面图 4-16 中这副冬日防寒用的青缎绣花耳套，分析其关键特征，在以下空白处进行临摹。

图 4-16　青缎绣花耳套　　　　　　　　　　　　　　模仿练习

（三）讨论与总结

查询蜡染、扎染、夹染 3 种传统印染的相关资料，讨论 3 种印染方式对于织物和服饰的审美影响，通过实例来说明观点，撰写图文并茂的总结报告。

三、小组设计实践

（一）扎染风格的布艺挂件设计

1. 设计题目

布艺挂件是很受现代人喜爱的装饰物品，布艺挂件的形态多样，可以用来装饰室内、车内、箱包、手机等。制作布艺挂件的材料可以是各种蓝印花布、彩印花布或其他布料。陕西凤翔的布艺玩具融合了刺绣技艺，具有浓厚的民间审美趣味。大理扎染的图案丰富多样，色彩浓淡相宜，特色鲜明（见图 4-17）。

（a）凤翔布艺　　　　　　　　　　　　　　（b）大理扎染

图 4-17　布与布艺

应用所掌握的印染和刺绣知识，小组合作设计一个具有扎染风格的布艺挂件，详细说明设计意图，并进行展示和汇报。

2. 具体要求

（1）学习陕西凤翔传统布艺的特点；

（2）结合大理扎染蓝花布的特点；

（3）分析布艺挂件的使用需求和功能特点；

（4）绘制布艺挂件的设计草图；

（5）用文字和分析草图等阐述设计思想；

（6）用数字化设计软件生成挂件模型（根据设备条件，可选）；

（7）根据设计草图或数字模型，选用扎染布料制作实物模型；

（8）制作演示文稿，可配合数字或实物模型进行展示与讲解。

（二）蓝印花布风格的鼠标垫设计

1. 设计题目

随着计算机在当代社会中的应用日益广泛，鼠标垫也成为办公桌和书桌上常见的物品。它不仅具有辅助鼠标工作的实用功能，而且还起到了美化环境的装饰作用。

传统蓝印花布是我国民间应用非常广泛的布料，人们用蓝印花布制作服装、包袱、桌布、被单等物品。蓝印花布上不仅描绘有日常生活中常见的花、鸟、虫、鱼、器物和建筑等众多形象，还常常使用各种吉祥图案，这些吉祥图案表达了人们对美好生活的期望（见图4-18）。

图4-18　蓝印花布

根据所学吉祥图案和蓝印花布的知识，小组合作设计一个蓝印花布风格的鼠标垫，详细说明设计意图，并进行展示和汇报。

2. 具体要求

（1）分析鼠标垫的使用需求；

（2）需要使用传统吉祥图案的元素；

（3）需要体现蓝印花布的风格特点；

（4）绘制鼠标垫的设计草图；

（5）用文字和分析草图等阐述设计思想；

（6）用数字化设计软件生成鼠标垫模型（根据设备条件，可选）；

（7）根据设计草图或数字模型，选用材料制作鼠标垫的实物模型；

（8）制作演示文稿，可配合数字或实物模型进行展示与讲解。

【本章小结】

本章由 3 节组成，内容包括织染技艺、审美分析和实践练习。

织染技艺介绍了传统丝、麻和棉织品及其印染的基本知识，概述了丝织品、麻织品和棉织品的历史、类型及特点。着重介绍了织锦的组织特点，蜡染、扎染和夹染等传统印染工艺的流程和特点。

审美分析包括两个部分：第一部分选取汉代织锦、壮族织锦和土家族织锦；第二部分选取传统的蓝印花布、苗族的蜡染布和白族的扎染布进行审美分析。结合典型实例分析织锦和印染的工艺、形式及其文化寓意，形象地展示传统织物和印染工艺的艺术魅力。

实践练习中小组设计实践的部分，采用项目式的学习方式，通过扎染风格挂件设计和蓝印花布风格鼠标垫设计两个项目的实践，加深对传统印染织物的理解，提高创新意识和设计能力。

【拓展学习】

拓展资料

【课后作业】

一、单项选择题

1. 缂丝是一种（　　　）。
   A. 印花　　　　B. 刺绣　　　　C. 织锦　　　　D. 帛画
2. （　　　）属于防染法的印染方式。
   A. 蜡染　　　　B. 夹染　　　　C. 扎染　　　　D. 以上全部
3. 蓝印花布主要应用在（　　　）。
   A. 被面　　　　B. 桌布　　　　C. 包袱布　　　D. 以上全部
4. 苗族蜡染图案中经常出现的形象是（　　　）。
   A. 蝴蝶　　　　B. 鱼　　　　　C. 鸟　　　　　D. 以上全部
5. 古代"布衣"一词中，布的含义最有可能是（　　　）。
   A. 麻布　　　　B. 棉布　　　　C. 织锦　　　　D. 兽皮

二、填空题

1. 传统织物使用天然纤维加工而成，主要包括麻织物、_____、棉织物、毛织物等4种类型。
2. _____ 是指在织物上预先印上能够防止底色上染的防染剂，然后再进行染色的方法。
3. 用苎麻材料制作的布，称为 _____。

三、简答题

1. 总结并分析蜡染、夹染、扎染的异同点。
2. 分析蓝印花布和青花瓷器在审美风格上的异同点。

四、调查研究

根据当地情况，选择采用实地调研、文献研究或网络调研等方式，以我国藏族、蒙古族、哈萨克族等民族的传统毛织物为对象，对其工艺流程、特点和现状等进行调查研究，撰写研究报告。

第五章 / 黛瓦青砖

【本章要点】

本章介绍了瓦和砖的基本知识、发展过程及在中国传统建筑中的应用艺术。从审美的角度，结合实例对瓦当、瓦屋面、砖雕和砖砌建筑进行了分析。通过小组设计项目的实践，让学习者深刻体会传统建筑中砖瓦应用的形式美和设计方法，提高审美能力与设计水平。

第一节 砖瓦概述

一、瓦的应用

（一）瓦的概述

"如鸟斯革，如翚斯飞"，这是《诗经·小雅·斯干》中的诗句，将建筑物高高翘起的屋檐，形象地描述成鸟儿振翅欲飞，今天在很多传统民居上依然可以看到这种中国传统建筑特有的屋檐形式（见图5-1）。

图5-1 民居飞檐

中国传统建筑主要采用木构架的结构形式，整个建筑物通常分为台基、屋身、屋顶3个部分。屋顶是中国传统建筑最具特色的部分，形式多种多样。早期建筑的屋顶多铺设树枝、草泥等，防水功能较差。为了解决屋顶防水的问题，古人发明了瓦。

瓦是一种建筑构件，多为陶制材料，铺设在屋顶表面，主要用于排水和防水，保护屋顶木构件，同时具有装饰美化屋顶的作用。早期的瓦大多呈青灰色，通常被称为青瓦或灰瓦，制作这些瓦的主要材料为黏土。

随着技术和经济的发展，瓦的类型也逐渐丰富起来。规格较高的建筑物开始采用琉璃瓦，个别建筑也开始使用金属瓦。传统民居除了常用的青瓦以外，还出现了用石材薄片制作的石板瓦。沿海地区的民居建筑为了采光的需要，还采用磨制过的透光蚌壳，充当屋顶的铺瓦材料，改善民居室内的采光效果。

根据瓦的材料和工艺的不同，可以分为灰陶瓦、琉璃瓦、石板瓦和金属瓦等主要类型。

灰陶瓦是用黏土直接烧制成的瓦，呈现青灰色，俗称"青瓦"或"灰瓦"。这是我国各地最为常见的瓦，也是民居建筑上主要使用的类型。

琉璃瓦是指在黏土所制的瓦坯上施釉，然后放入窑中进行高温烧制而形成的一种特殊的陶瓦。琉璃瓦有青、绿、蓝、黄等多种华丽的颜色，用于等级较高的建筑物。

石板瓦是指用片状石材，直接铺设在屋顶的瓦。石板瓦多出现在我国石材资源丰富的一些山区。

金属瓦有铸铁、黄铜和铜质镏金等几种类型。自宋代开始，个别建筑物上使用了金属瓦，但整体应用的数量很少。

根据瓦的功能和形式的不同，主要分为板瓦和筒瓦两种主要类型，后期还出现了一种形式较为特殊的瓦，即鱼鳞瓦。板瓦的尺寸相对宽大，横剖面上具有较为平缓的弧度。筒瓦横剖面的弧度比板瓦要大，呈半圆形（见图5-2）。鱼鳞瓦就是瓦片的平面形状有若鱼鳞，与常见的近似梯形平面的普通瓦不同，瓦形线条更为优美。

图 5-2 板瓦和筒瓦

瓦在屋顶上是如何铺设的？中国传统建筑屋面铺瓦的基本原理，是在设有排水坡度的屋面上，利用瓦的上下与左右搭接来实现排水和防水。凹面朝上铺设的瓦称为仰瓦，凸面朝上铺设的瓦称为俯瓦（覆瓦）。无论仰瓦还是俯瓦，都从屋檐处开始向上铺设，上面一行的瓦要搭盖下面一行的瓦。两列相邻的瓦一仰一俯互相搭接（见图5-2），上下仰瓦的连续凹面形成沟以便排水，俯瓦遮挡仰瓦之间的缝隙以防渗漏，共同实现屋面防水和排水的功能。

常见的铺瓦方法有筒瓦屋顶、合瓦屋顶、干槎瓦屋顶等做法。筒瓦屋顶是以板瓦为仰瓦，筒瓦为俯瓦的屋面做法。即先以板瓦凹面朝上依次铺设，然后用筒瓦凸面朝上覆盖在两列板瓦的空隙之间。合瓦屋顶是仰瓦和俯瓦都用板瓦，不使用筒瓦，一般用于民居。先以板瓦凹面朝上依次铺设，然后用板瓦凸面朝上覆盖在仰铺的板瓦之上。干槎瓦屋顶是只用板瓦仰铺的做法，用板瓦凹面朝上依次铺设，两列仰瓦之间不留空隙，也不铺俯瓦；干槎瓦屋顶主要用于干旱少雨的地区。

瓦当又被称为盖头瓦、瓦头等，指屋檐处最前面一排俯瓦末端的下垂部分，俯瓦可以是筒瓦或俯铺的板瓦。瓦当因其有遮蔽檐头、阻止俯瓦下滑的作用，故称"当"，它是我国传统建筑中一种颇具代表性的建筑构件。瓦当不仅具有实用功能，还兼具装饰作用。古人常以各种动物、植物、文字等图案装饰瓦当表面。

滴水是指屋檐处最前面一排仰瓦末端的下垂部分，一般呈近似三角形。滴水上也常用各种图案装饰，一般与瓦当的图案保持形式和含义的统一（见图5-3）。

图5-3　筒瓦瓦当和滴水

瓦当和滴水的主要作用是防水、排水，保护屋檐的木质椽头不受风雨的侵蚀，延长其使用寿命。同时，瓦当和滴水也增强了传统建筑外观的艺术性，成了中国传统建筑的美学符号。

按外部轮廓形状的不同，瓦当可以分为圆形瓦当、半圆形瓦当、马蹄形瓦当和其他类型瓦当。瓦当的形状主要取决于俯瓦的横剖面轮廓，如筒瓦的瓦当主要为半圆形和圆形（见图5-4），早期多为半圆形，后期多为圆形，马蹄形瓦当曾在秦代出现过。而民居合瓦屋顶板瓦的瓦当有的为折扇扇面形（唇形）（见图5-5），有的类似树叶形或桃心形。

图 5-4　筒瓦及云纹瓦当

图 5-5　板瓦寿字纹瓦当和滴水

根据瓦当图案主题或内容的不同,可以对瓦当进行分类。有的将其分为素面瓦当、动物纹瓦当、植物纹瓦当、人物纹瓦当、几何纹瓦当和文字纹瓦当等6种类型。其中,素面瓦当在汉以后很少使用。另一种分类方法是将动物纹、植物纹和人物纹瓦当合并为一种类型并命名为图像瓦当,于是瓦当就被分为图像瓦当、图案瓦当(几何纹瓦当)和文字瓦当3种基本类型(见图5-6)。

图 5-6　图像瓦当、图案瓦当和文字瓦当

很多瓦当的图案是上述几种基本类型相互融合而成的复合类型,如既有图像和图案,又有文字。而且图像、图案和文字的意义是相互关联的,这样的设计手法使瓦当的内涵更加丰富。

(二)瓦当的历史

中国的瓦当起源于西周时期,在春秋晚期形成了比较成熟的应用,并成为一些大型建筑物的重要构件。不同历史时期的瓦当,有着不同的特点。早期瓦当的形状多为半圆形,纹饰主要为兽面纹,后期逐渐发展为多种纹饰类型。

陕西岐山出土了西周时期的砖、瓦制品,这些制品包括砖、筒瓦、板瓦和陶制排水管等(见图5-7),以灰色为主。其中,出土的板瓦的尺寸最大,长约45 cm,宽约30 cm,厚约1.5 cm。根据屋顶各个部位使用的需要,在瓦的内、外分别做有瓦钉或瓦环。限于当时的技术水平,这些砖和瓦的制作难度很大,因此,只用于宫殿的转角、屋脊等重要部位。

图5-7　西周时期的瓦和陶制排水管

春秋战国时期各诸侯国的情况各不相同，瓦当的形状也各有不同。其中，地处北方的燕国的瓦当多为半圆形，瓦当上的图案继续使用商和西周时期青铜器上的饕餮纹。饕餮是传说中的一种贪婪凶狠的猛兽，常见于青铜器上，也用来比喻贪吃的人。

齐国早期的瓦当也多呈半圆形，图案总体上多呈轴对称形式，个别细部又有所变化。瓦当图案的内容主要有树木、花叶、飞鸟、马、云、箭头等，多反映当时的生活场景。此外，还有反映狩猎生活的瓦当和几何纹样的瓦当。典型齐国瓦当图案的中心位置多为一棵树，树的两侧装饰着马、人物、飞鸟或云纹等各种纹样。齐国后期出现了圆形瓦当，瓦当图案的内容也更加丰富多样。

秦汉时期的瓦当制作技艺有了许多改进，图案中出现了更多的动物形象，这些动物形象反映了当时的地理环境和生活方式。例如，鹿是先秦的人们非常熟悉的动物，在《诗经·小雅·鹿鸣》中写道："呦呦鹿鸣，食野之苹。我有嘉宾，鼓瑟吹笙。"因此，鹿的形象经常出现在瓦当图案之中。

秦始皇统一六国后，瓦当在图案形态和题材内容等方面，都发生了很大变化，更加丰富多彩。在秦始皇陵封土之北的宫殿遗址的地下，出土了一件上饰夔纹的巨型瓦当，该瓦当呈马蹄形，直径61 cm，高48 cm。夔纹图案的主要形态特点为大口、一足、卷尾，并且常以两两相向对称的形式出现在同一器物上。这一瓦当是中国目前发现的所有瓦当中最大的，被称为"瓦当之王"，现陈列在陕西历史博物馆中。在该瓦当图案中，两条夔龙图案左右对称，布满整个瓦当，线条苍劲而流畅生动。

汉代瓦的制作技艺进一步发展，瓦当的质量也有了很大的提升。"四神纹"或称"四灵纹"瓦当是汉代瓦当中的典型代表，也是传统装饰中最为常见的纹样。"四神"是指中国传统神话中的4种动物，即青龙、白虎、朱雀和玄武。它们代表着东西南北4个方位和春秋夏冬4个季节：青龙的方位是东，代表春季；白虎的方位是西，代表秋季；朱雀的方位是南，代表夏季；玄武的方位是北，代表冬季。《礼记·礼运》中记载："麟、凤、龟、龙，谓之四灵"，因此，上述4种动物也被看作象征吉祥的神兽，四神纹在民间还有祛邪祈福的含义。四神纹影响广泛，不仅在瓦当中可以发现，传统的瓷器、铜镜、家具、建筑、服装上同样可以找到它们的身影。

汉代还出现了文字纹瓦当，即图案由吉祥用语文字组成的瓦当。吉祥用语包括"长乐未央""长生无极""千秋万岁""汉并天下""延年益寿""亿年无疆"等内容，表达了汉代人民美好的愿望。

魏晋南北朝时期，受从印度传入的佛教的影响，瓦当中开始出现莲花纹的图案，兽面纹瓦当也有发现。

隋唐时期，莲花纹瓦当成为主流，兽面纹瓦当也较为常见，莲花纹和兽面纹的周围多装饰着联珠纹。此外，唐代开始出现琉璃瓦和琉璃瓦当。

宋代社会的经济相对发达，思想开放，文人雅士辈出。沿袭隋唐的影响，以莲花纹为代表的花卉纹，开始成为瓦当纹饰的主要题材。同时，受同一时期的辽、金等草原文化的影响，宋代瓦当中还有一些兽面纹瓦当。这些兽面纹瓦当的风格粗犷，图案中的猛兽面目狰狞，形象生动。

元代瓦当的形制和风格都较为单一，瓦当多采用兽面为主的瓦当纹样，其他图案形制较为少见。

明清两代以琉璃瓦作为宫廷建筑、皇家园林、坛庙用瓦，以造型统一的蟠龙纹为主。民居建筑中的瓦当采用动植物和吉祥图案等造型，但瓦当的发展已经逐渐停滞。

（三）瓦的艺术

瓦和瓦当等建筑构件的主要作用是保护和装饰屋顶，最早的瓦当是素面瓦当，没有任何图案。为了装饰和美化的需要，瓦当上出现了丰富多样的图案，这些图案不仅体现了当时人们的审美偏好，而且也反映了当时的社会、文化和经济状况。

瓦当和滴水上的装饰纹样属于适形图案，受到瓦当和滴水外部轮廓的限制，但是古代匠人们充分发挥聪明才智，不仅设计出各种生动形象的植物、动物、人物、几何及文字纹样，而且善于运用各种对称设计结构，有些呈镜像对称（轴对称）形式（见图5-8），有些呈二重旋转对称、三重旋转对称形式等，具备平衡和谐的美感。瓦当和滴水上的这些装饰图案有云头纹、几何形纹、饕餮纹、文字纹、动物纹等，设计优美，极富变化，是精致的艺术品，属于中国特有的文化艺术遗产。

图5-8　东周筒瓦及瓦当上的镜像对称图案

传统的瓦不仅用于屋面防水，还通过巧妙的叠砌组合形成各种图案用于装饰屋顶、墙体、地面和护栏等。在中国传统园林中，将瓦片镂空叠砌，形成各种具有美观图案的景窗或漏窗。游园者可以通过青瓦形成的漏窗观看窗外的景色，而青瓦漏窗自身也形成了园林中一个重要的装饰元素，成为传统园林造景的重要手段（见图5-9）。

传统园林还用瓦片作为铺地材料，通过瓦片之间的不同排列组合，在园林的地面上形成一道独特的景观。

图 5-9　园林堆瓦漏窗示例

二、砖的应用

（一）砖的概述

"窑头坯，随雨破，只是未曾经水火。若经水火烧成砖，留向世间住万年。"这是唐代吕岩的《窑头坯歌》中的诗句，这些诗句形象地描绘了砖的烧制过程。

砖，一般是指以黏土为原料并经高温烧制而成的建筑材料。当代意义上的砖，已由以黏土为主要原料逐步向利用煤矸石和粉煤灰等工业废料发展，同时由实心向多孔、空心发展，由烧结向非烧结发展。

古代主要有两种制砖的方法，即晾晒和烧制。晾晒是将成型的砖坯不经过烧制直接通过晾晒干燥后使用，这类砖被称为是"泥砖"，是民间普通家庭建造房屋最主要的材料。

烧制是用模板做出砖坯后在砖窑里烧制而成，这类砖的质量和硬度比较高，一般用在规格较高的建筑物上。中国古代烧砖的制作流程可以概括为选土、澄浆、练泥、成坯、阴干和烧制这几个步骤（见图5-10）。如果是采用晾晒的方式制砖，上述流程中的烧制环节替换为晾晒。

图 5-10 古代制砖 引自《天工开物》

砖自从诞生之时起就是以长方体或正方体的形态出现，用砖砌墙或铺地的操作，实质就是立方体和正方体的堆砌。因为长方体和正方体属于立体图形，不同的摆放方式产生不同的结果，这一点在砖的砌筑时非常重要。

根据砖的形状不同，传统建筑中的砖可以分为长条砖和方砖，其中方砖多用于宫殿建筑中的铺地。

根据制砖材料和生产工艺的不同，传统建筑中的砖可以分为土坯砖、半土坯砖、青砖、红砖、琉璃砖及明清故宫建筑中专用的"金砖"。

土坯砖是用黏土和草茎等材料，加水混合搅拌后放入砖模，成型晒干。我国从五千年前的建筑遗址直至近现代农村的房屋，都能见到土坯砖。土坯砖是最简单的墙砖，用泥土做成砖坯，不放进砖窑烧制，晒干后直接用作墙体，为了增加它们的强度，一般在泥土中掺入稻草或纸筋。

半土坯砖是将黏土制成的砖坯放进砖窑，经过短时间烧制即出窑的砖。半土坯砖的外表颜色仍保持黄土本色，坚固性介于土坯砖和普通砖之间。在我国新疆等少雨干旱地区，半土坯砖常用作墙体。

青砖是将黏土制成的砖坯，放入砖窑烧制而成，颜色呈现青灰色。青砖在我国很多地方的民居中都得到应用,一般用来砌筑墙体。我国传统民居建筑大多是木柱承重的框架结构体系,墙体不承重,因此,有些地方用青砖砌成空斗墙体。

红砖和青砖一样,也是将黏土制成的砖坯,放入砖窑烧制而成的。因为所用的泥土、烧制的温度及时间不同,烧制成的砖呈红色,因此被称为红砖。红砖在广东和福建部分地区应用较多,形成非常有特色的红砖建筑风格。

琉璃砖是指在黏土所制的砖坯上施一层特殊的釉,然后放入砖窑中进行高温烧制而形成的一种特殊的砖。经过上述工艺烧制而成的琉璃砖,具有一层光洁艳丽的表皮,质地也较为坚硬,因其外表类似琉璃而被命名为琉璃砖。根据所使用釉料的不同,琉璃砖可以烧制出黄、绿、蓝等多种颜色。琉璃因为烧制的工艺比较复杂,成本较高,一般都应用在宫殿等高等级的建筑中。

金砖是指北京明清故宫所用的铺地方砖,这种方砖质地坚硬,敲打时发出类似金属的声响,故称"金砖","金砖"的出现表明我国制砖业的水平达到了一个全新的高度。

(二)砖的历史

《庄子》中记载:"古者禽兽多而人民少,于是民皆巢居以避之。"《易·系辞》中记载:"上古穴居而野处,后世圣人易之以宫室,上栋下宇,以蔽风雨。"从上述记载中可以知道,早期人类的建筑物非常简陋,从最早的穴居和巢居逐步发展而来。砖的出现与建筑的发展密不可分,据推测,在仰韶文化晚期,中国就已经发明了砖。

制砖技术在西周早期已经渐趋成熟,当时不仅能够烧制小型的长方形砖,而且已经较熟练地掌握了烧制大型空心砖的技能。陕西岐山出土了三千多年前西周时期的砖瓦(见图 5-11),这一时期的砖,分为板砖和空心砖两种。板砖被用来铺设地面,空心砖多用于墙角或屋顶等建筑物的重要部位。

图 5-11 西周砖

到了战国与秦代,制砖技术较西周时期又有了显著的进步和提高。这个时期不仅砖的数量和品种日益增多,而且砖的质量也较以前大幅提高。从考古发现来看,我国春秋战国至秦代的建筑物还主要为土木结构,其墙体大都用黏土夯筑而成。因此,砖在当时主要用于铺设地面、台阶或建造墓室,而不是砌墙。

秦始皇在统一六国后,为彰显自己的丰功伟绩,大兴土木,建阿房宫、筑长城、兴都城、修驰道、筑陵墓等,这些大规模建设促进了砖的技术发展。在秦都咸阳宫殿遗址及秦始皇帝陵等地点,就曾发现过大量的砖。当时的砖有两种类型,一种是长方形或方形实心砖,另一种是体形更大的长方形空心砖。

唐、宋时期的砖墙砌筑技术又有了新的发展，例如，在地下墓室增加使用壁柱。宋代石灰浆作为胶凝材料开始普遍用于砌墙并延续至明清，在砌筑方法上出现了错缝砌筑方式，使得砖墙的整体性和稳定性更好。在使用范围上，唐代已经出现了在城门洞口使用砖包砌的做法。此外，砖塔也逐渐取代木塔成了主流。唐代诗人王建在《题柏岩禅师影堂》中写道："山中砖塔闭，松下影堂新。恨不生前识，今朝礼画身。"

元朝时期，青砖不仅得到了广泛的使用，且基本已经形成了青砖灰瓦的民居风格。

明、清时期，制砖技术进一步提高，烧制砖普及、成本下降，砖砌建筑迎来了发展高潮，甚至出现了高质量的铺地金砖。砖的砌筑方法上多采用糯米混合石灰浆作为胶结材料，且多为厚墙，墙体稳定性提高。到了明代，随着制砖技术的成熟，出现了全部用砖砌筑的城墙。这段时期已经开始出现少量的砖砌建筑，俗称无梁殿。如明代的南京灵谷寺无梁殿主要采用砖作为砌筑材料。

近代以来，中国受到西方建筑思想的影响，沿海一些地区的建筑开始采用西式建筑风格。例如，上海石库门建筑结合了我国传统四合院平面布局和西式联排住宅的模式特点，形成了鲜明的地区特色。

（三）砖的艺术

砖可以砌筑成墙体，对建筑物起到承重和围护的功能。砖还具有装饰和美化建筑物的功能，即使砖的形态都是长方体和正方体，采用不同的砌筑方法却可以产生丰富的立面图案和结构肌理，极具装饰效果。传统建筑中砖的装饰作用表现在很多方面，通过铺砌、叠砌、拼贴、雕刻等多种方法，可以达到美化建筑屋顶、墙体及庭院地面的作用。

砖可以叠砌成各种花格，在建筑的屋顶女儿墙、围墙和护栏等部分形成独特的镂空图案效果。也可以采用贴面砖的形式，对建筑物的整体墙面进行装饰和美化。砌砖形成的图案很多都是对称形式，并且呈现规律性的重复，体现了传统形式美学中强调的韵律和节奏（见图5-12）。

图5-12　砖砌花格图案

除了砌墙，砖还常用来铺地。通过对砖的不同排列，使得砖块之间的缝隙即"砖缝"，形成特定的图案。一些园林和民居常常用砖通过镶嵌、拼接等方法来构成各种几何花纹和吉祥图案，增添审美元素，丰富地面的视觉效果。

传统民居建筑中，工匠们不仅使用青瓦制作漏窗，也常使用砖来制作漏窗。漏窗，也称漏花窗，多用在住宅、园林当中。窗框的制作材料有石、砖、木3种，通常是把瓦或砖镶嵌在窗框里构成各种精巧的镂空图案。漏窗装饰始于明代中期，明代造园家计成所著《园冶》一书中列举了十几种精巧细致的漏窗，常见的有方、圆、六角、八角、扇形、菱形、花形、叶形等，窗内纹样有连钱、叠锭、鱼鳞、宫式、竹节、菱花、海棠等。漏窗有着各式各样的精美图案，虽是为装点风景而设计，但其本身也是一个风景（见图5-13）。

图5-13 砖雕漏窗

画像砖是以砖作为物质材料进行刻画和加工而成的作品，它可以看成早期砖雕的表现形式，主要是作为墓室的装饰而出现的，同时在祠堂、阙等建筑中也有所应用（见图5-14）。

砖雕由瓦当、空心砖、汉画像砖等发展而来，它利用砖作为物质材料，通过加工和处理，制作出占有一定空间的实用型艺术作品，是我国传统雕塑的重要组成部分。由于砖雕比石雕更加省工、经济，故在建筑中逐渐被广泛采用。砖雕是精致而又质朴的艺术，易与砖砌建筑浑然一体，从而获得统一和谐的观感。

砖雕一般指在青砖上雕刻出各种形态的艺术形式，主要作为门楼、照壁、墙面、屋脊的装饰。砖雕紧密结合了中国传统建筑，布局巧妙、雕琢精细，是古代建筑雕刻中很重要的一种艺术形式。我国民居砖雕由于南北地域、文化的差异，各地的民居砖雕在风格、手法等方面有很大差异，形成了京雕、徽雕、苏雕、晋雕四大流派。

图 5-14　汉代画像砖

砖雕也分为圆雕、浮雕、透雕和线刻等 4 种类型。较为常见的砖雕形式为浅浮雕，例如，民居建筑中影壁的砖雕图案，多数采用浅浮雕的雕刻手法。

砖雕的装饰主题可概括为祈福纳吉、伦理教化和祛邪攘灾 3 类。祈福纳吉是民间建筑装饰中运用最广泛的题材，民间将其概括为福、禄、寿、喜、财等，其主要内容包括富贵平安、延年增寿、招财纳福、功名利禄等（见图 5-15）。

图 5-15　民居砖雕

第二节 审美分析

一、瓦之美

（一）瓦的审美

瓦当不仅广泛应用在级别较高的宫殿、园林、寺庙等建筑中，而且应用在数量众多的民居建筑上。民居的瓦当图案多为吉祥图案或文字，形式多样，表达了人们对于幸福生活的期盼。

屋顶是我国传统建筑最重要的特征之一，形式多样，特色鲜明。屋檐采用上翘的举折结构，形成如鸟翼伸展的檐角。屋顶常采用青瓦或彩色琉璃瓦，前者形成质朴的屋面色彩；后者形成色彩鲜艳、图案丰富的屋面艺术。

晋祠位于太原西南悬瓮山麓，是中国现存最古老的祠庙建筑群，也是国内大型宗祠式古典园林。圣母殿是晋祠重要的建筑遗存，是我国宋代建筑中的典范。圣母殿面宽七间，进深六间，重檐歇山顶，气势壮观。圣母殿的屋顶、斗栱及梁柱的彩画等方面，都非常注重装饰性。圣母殿的屋顶采用黄绿琉璃瓦剪边，雕花脊兽，体现了中国传统建筑瓦屋面的风格特色。

徽州山清水秀，民居多为砖木结构，白墙黑瓦，映衬青山绿水。瓦屋顶连片起伏变化，尤其高低不一的马头墙线条流畅，跌宕交错，层次分明，有极强的韵律美。马头墙是传统徽派建筑的重要特征，这些突出屋面的高大墙体，不仅具有防火、防盗、防洪、防风的实用价值，还具有极强的装饰作用和审美价值。

（二）瓦艺赏析

1. 汉代瓦当

图 5-16 所示这块汉代白虎纹瓦当，是典型的圆形瓦当，也是四神瓦当之一，整体由圆形图框和内部的白虎图案组成。白虎图案采用浮雕手法，布满圆框内的整个表面。白虎仰头张嘴，奋起四爪，尾部高举，虎虎生威。白虎整个身躯围绕着瓦当中心的圆形乳钉，盘旋扭曲成圆弧形，充分体现了适形图案的设计特点。白虎纹瓦当构思巧妙，线条雕刻流畅，画面极富动感，生动展示了白虎的威猛气势。

图 5-16　汉代白虎纹瓦当

2. 民居屋檐

图 5-17 所示为北京地区胡同里传统民居建筑屋檐处的瓦当和滴水，瓦当为圆形，滴水为近似月牙形，瓦当和滴水的轮廓曲线优美舒展。瓦当图案以寿字为主题，变形的"寿"字设计巧妙，左右和上下都对称，疏密得当。滴水也是左右

图 5-17 民居建筑的瓦当与滴水

对称的花卉图案，与瓦当图案相呼应。青瓦屋面在蓝天和白云的映衬下，散发出古朴宁静的生活气息。

3. 祠庙屋顶

山西太原晋祠圣母殿的重檐歇山屋顶，采用了黄绿色琉璃瓦剪边的青瓦屋面，在两个灰色青瓦坡面的中心位置用蓝色琉璃瓦铺设出了 3 个左右对称的菱形图案，形成了对比鲜明的色彩韵律。屋顶的正脊、垂脊和戗脊处用黄绿色琉璃瓦与彩色脊兽装饰，富含变化又整体和谐美观（见图 5-18）。

图 5-18 晋祠圣母殿重檐歇山屋顶

4. 民居墙檐

徽派民居的建筑墙面多以白灰粉刷,墙头和两坡墙檐覆以青瓦。白墙青瓦,风格朴素淡雅,色彩和谐统一。整个马头墙呈阶梯状层层跌落,巍然矗立,错落有致。向上翘起的檐角轻巧、灵动,在绿水青山的映衬下,洋溢着昂扬向上的气势(见图 5-19)。

图 5-19　徽州马头墙

二、砖之美

(一)砖的审美

影壁,又称"照壁"或"照墙",其形态可以是一堵独立的墙体,也可以依附于其他墙体上。设置在大门之内的叫"内影壁";设置在大门之外的叫"外影壁"。影壁由壁座、壁身、壁顶 3 部分组成,砖雕主要位于壁身的中央位置,壁身四角的位置也布置砖雕辅助装饰。在砖雕中,蝙蝠和狮子是常见的图案主题。为了模仿传统木构建筑的风格,斗拱也是砖雕重要的表现主题。

"福"在中国传统文化中代表着福气、幸福的含义,古人认为福的完美境界应包括:长寿、富贵、安康、有德、善终等 5 项内容,即五福。蝙蝠的"蝠"发音与"福"字相同,因此,5 只蝙蝠的形象就象征着五福。

狮子性情凶猛,也被称为百兽之王,其形象常作为权力和威严的象征。此外,"狮"与"事"谐音,故吉祥图案中的"狮子滚绣球"寓意"好事在后头"。

斗栱是我国传统建筑中特有的一种木制建筑构件，主要由斗、升、栱、翘和昂等部件组成，部件之间均以榫卯连接。它一般位于柱和梁之间，用于传递屋面梁架的荷载。斗栱独特的形式能够有效地传递和分散荷载，具有良好的抗震性能。斗栱的发展历史也是从简单到复杂，从功能性逐步发展成装饰性。明清以后一些民居及砖塔中，常用砖雕刻出斗栱的形态来装饰建筑物，形成了独特的建筑风格。

长城自春秋时期开始修筑，一直持续到明末清初，前后历时两千多年，东西绵延2万多千米，因此又称"万里长城"。每个时期修筑的长城都有各自的特点，早期长城以版筑夯土为主。保存比较完整的是距今已有六百多年历史的明代长城，广泛运用了砖、石进行砌筑。长城的构造精巧、功能全面，它是由城墙、敌楼、关隘、瓮城、护城河、烽火台等多种防御工事所组成的一个完整的防御工程体系，是我国古代的一项伟大的建筑工程。长城以其悠久的历史，高超的建筑技术，宏伟壮观的气势，成为中华民族的象征之一。

（二）砖艺赏析

1. 民居砖雕——五福捧寿

图5-20中的这幅砖雕采用浅浮雕的手法，线条细腻流畅，内容十分丰富，与单调的背景砖墙形成了强烈的对比，成为视觉的聚焦点。方形砖雕中心图案的轮廓为圆形，形成对比。中心图案以抽象的吉祥文字——对称形式的"寿"字为焦点，周围环绕着5只蝙蝠；5只蝙蝠的位置和形象近似呈现轴对称和五重旋转对称，形成变化中的统一，以取得和谐的美感。整体构图为5只蝙蝠环绕一团寿字飞舞，寓意福寿双全。

图5-20 "五福捧寿"砖雕

2. 民居砖雕——狮子滚绣球

图 5-21 中的这幅"狮子滚绣球"砖雕也是常见的吉祥图案,"狮子滚绣球,好事在后头"。这一图案寓意消灾祛邪和好事降临。图案中刻画了一大一小两只狮子,也具有"太狮(师)少狮(师)"的含义,寓意代代出仕。图案的圆形边框被雕刻成竹节的形态,寓意生活和仕途节节高。这幅砖雕技艺精湛,正在玩绣球的大狮子双眼圆睁,张牙舞爪,尾部上扬,翻飞环绕的飘带增添了狮子的威猛气势。构图上以大狮子和绣球为主体,小狮子和飘带穿插其中,体现了中国传统适形图案疏密有致、饱满丰富的特点。

图 5-21 "狮子滚绣球"砖雕

3. 砖塔

图 5-22 所示的是位于河北正定县临济寺的澄灵塔,是一座金代的砖砌八角九级密檐式实心塔,由台基、须弥座、塔身和塔刹组成。须弥座和各层塔身的檐下都装饰有仿木构砖雕(见图 5-23),包括砖雕斗栱、平座和栏杆,逐级环绕塔身,工艺精良,与绿琉璃制作的檐瓦和脊兽和谐统一,具有鲜明的传统建筑特色。

图 5-22　河北正定县临济寺澄灵塔

图 5-23　河北正定县临济寺澄灵塔砖雕

4. 长城城墙

图 5-24 所示的是明代八达岭长城中的一段，城墙上青砖铺地，垛口和箭孔也由砖砌成，坚固结实。城墙建于山脊之上，随着山峰的走势犹如一条苍龙盘绕。灰色的城墙在苍翠的山脉和明净的蓝天白云衬托之下，景色更为壮观。

图 5-24　长城的城墙

第三节　实 践 练 习

一、相关术语

【青瓦】即灰陶瓦，是将黏土制成的瓦坯放入窑中烧制而成的瓦，颜色呈现青灰色。

【琉璃瓦】是指在黏土所制的瓦坯上施釉，然后放入窑中进行高温烧制而形成的一种特殊的陶瓦。琉璃瓦有青、绿、蓝、黄等多种颜色，用于等级较高的建筑物。

【板瓦】尺寸相对宽大，横剖面上具有较为平缓弧度的瓦。屋顶铺瓦的时候，板瓦可用作仰瓦或俯（覆）瓦。

【筒瓦】横剖面通常呈半圆形的瓦。在屋顶铺瓦的时候，筒瓦一般作为俯（覆）瓦。

【瓦当】又被称为盖头瓦、瓦头等，指屋檐处最前面一排俯瓦末端的下垂部分。瓦当是我国传统建筑中一种颇具代表性的建筑构件。

【滴水】是指屋檐处最前面一排仰瓦末端的下垂部分，一般呈近似三角形。滴水也是我国传统建筑中一种颇具代表性的建筑构件。

【堆瓦】用瓦堆砌出多种结构或装饰图案的方法。

【青砖】是将黏土制成的砖坯，放入砖窑烧制而成，颜色呈现青灰色的砖。

【红砖】是将黏土制成的砖坯，放入砖窑烧制而成，颜色呈现红色的砖。

【琉璃砖】是指在黏土所制的砖坯上施一层特殊的釉，然后放入砖窑中高温烧制而成的一种特殊的砖。

【金砖】产于苏州的大型铺地方砖，其质地坚硬，敲击有声。因专供北京故宫等宫廷建筑使用，所以被命名"京砖"。之后，"京砖"演变为"金砖"。

【画像砖】表面刻有图案，用于墓室、享祠、石阙的一种特殊砖。

【堆砖】用砖堆砌出多种结构或装饰图案的方法。

【砖雕】以砖为材料雕刻出动植物、人物、山水、建筑、器物等画面，用来装饰建筑或园林。砖雕是我国传统建筑特有的一种装饰方法，与木雕、石雕合称为"建筑三雕"。

【圆雕】雕刻后的作品是立体的，有实在的体积，可以从各个角度欣赏。

【浮雕】雕刻的图案为相对完整的半立体的形象，仅能从正面去欣赏。根据形体凸凹和高低厚薄不同，浮雕分为高浮雕（也称深浮雕）和低浮雕（也称浅浮雕）。

【透雕】也称镂空雕，采用镂空的雕刻方法将作品的某些部分雕空。

【线刻】是指用刻刀刻画出线条来组成图案，雕刻的图案完全在一个平面上。

【印模】将刻画了纹样的模具，压印在未干的砖坯或瓦坯上，然后再入窑烧制。

【影壁】也称照壁，门外或院内用作屏障的一堵墙壁，常用砖雕进行装饰。

【漏窗】是我国传统园林建筑中兼具实用和装饰功能的一种窗，多为镂空图案的形式。

【斗栱】是我国传统建筑中特有的一种木制建筑构件，由"斗"和"栱"两部分组成，两者之间通过榫卯的形式进行连接。它一般位于柱和梁之间，用于传递屋面梁架的荷载。

二、课堂练习

（一）观察与分析

1. 图 5-25 所示的是一幅传统民居建筑上的砖雕漏窗，从材料、工艺、图案和风格等方面分析该漏窗上砖雕的特点，记录在以下空白处。

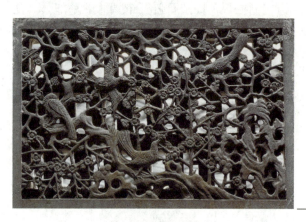

图 5-25　砖雕漏窗　　　　　　　　　　　　分析记录

2. 图 5-26 所示的是一座传统民居的砖雕影壁，从材料、工艺、图案和风格等方面分析该影壁上砖雕的特点，记录在以下空白处。

图 5-26　砖雕影壁　　　　　　　　　　　　分析记录

(二）模仿与学习

1. 观察图 5-27 中园林砖砌漏窗图案的特点，在以下空白处摹画出该砖砌图案。

图 5-27　砖砌漏窗　　　　　　　　　　　模仿练习

2. 观察图 5-28 中园林灰瓦花窗的特点，在以下空白处摹画出该花窗图案。

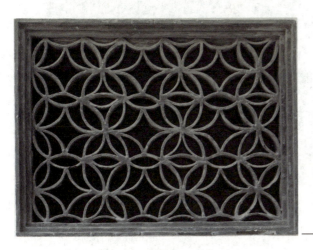

图 5-28　园林灰瓦花窗　　　　　　　　　模仿练习

（三）讨论与总结

查询关于山西或安徽民居中圆雕、浮雕、透雕 3 种常用砖雕技法的相关资料，讨论 3 种砖雕技法在民居建筑中应用的情况和特点。通过实例来说明观点，撰写图文并茂的总结报告。

三、小组设计实践

（一）瓦当图案风格的冰箱贴设计

1. 设计题目

中国传统的瓦当图案丰富多样，内容不仅有动物、植物和人物，还有抽象的几何纹样和文字。这些几何纹样的瓦当图案一般具有强烈的对称性，文字瓦当上的文字不仅具有丰富的含义，图案本身也体现了中国书法和篆刻的魅力。

冰箱贴是大众喜闻乐见的旅游纪念品，很多旅游者在到访的景点购买冰箱贴，这些冰箱贴的内容反映了所在景点或区域的特色（见图5-29）。

图 5-29　旅游纪念品冰箱贴

根据所学瓦当图案的相关知识，小组合作设计一组瓦当图案风格的冰箱贴，详细说明设计意图，并进行展示和汇报。

2. 具体要求

（1）分析瓦当图案的典型特征、类型和设计方法，结合冰箱贴的特点进行设计；

（2）冰箱贴图案的内容可在动植物、人物、几何和文字纹样中任选两种进行组合；

（3）绘制冰箱贴的设计草图；

（4）用文字和分析草图等阐述设计思路与图案寓意；

（5）用数字化设计软件生成冰箱贴模型（根据设备条件，可选）；

（6）根据设计草图或数字模型，用自制或采购的材料制作冰箱贴的实物模型；

（7）制作演示文稿，可配合数字或实物模型进行展示与讲解。

（二）砖砌景观墙设计

1. 设计题目

砖可以通过不同的砌筑方式形成极为丰富的肌理和图案，专门用来装饰墙体的贴面砖也可以形成更加丰富多彩的墙面图案。图5-30中这座建筑的砖砌围墙，镂空墙体呈现规律的几何图案，体现了传统形式美学中强调的韵律和节奏。

图 5-30　砖砌花墙

根据所学的砖砌体知识，小组合作设计一道花园里的砖砌景观墙，详细说明设计意图，并进行展示和汇报。

2. 具体要求

（1）研究砖墙的各种砌筑形式；
（2）准备自制或采购的模型砖块；
（3）设计砖墙的整体形式、砌筑肌理和装饰图案，绘制景观砖墙的设计草图；
（4）用文字和分析草图等阐述设计思路与图案寓意；
（5）用数字化设计软件生成景观砖墙模型（根据设备条件，可选）；
（6）根据设计草图或数字模型，用自制或采购的模型砖块制作景观墙的实物模型；
（7）制作演示文稿，可配合数字或实物模型进行展示与讲解。

【本章小结】

本章由3节组成，内容包括瓦和砖的基本知识、瓦和砖的审美分析及砖瓦应用实践练习。

瓦和砖的基本知识概述了瓦和砖的类型、特点、发展过程及在中国传统建筑中应用的艺术。

瓦和砖的审美分析包括两个部分。瓦的审美以瓦当和瓦屋面为例，分析了汉代的四灵瓦当、传统民居瓦当、晋祠圣母殿琉璃瓦剪边屋面和徽州民居青瓦马头墙的美学特点。砖的审美以砖雕和砖砌建筑为例，对民居砖雕、典型砖塔和长城城墙进行了审美分析。结合这些实例，说明了传统建筑中砖瓦应用的功能之多和形式之美，形象地展现了瓦和砖的应用价值与艺术魅力。

实践练习中小组设计实践的部分，采用基于项目的学习方式，通过两个设计项目的实践和体验，引导学习者掌握瓦和砖的相关知识，练习瓦和砖的应用方法，激发创新意识和设计灵感。

【拓展学习】

拓展资料

【课后作业】

一、单项选择题

1. 瓦当图案的内容包括（　　）。
   A. 动物、植物和人物等图像　　　B. 几何纹样等图案
   C. 文字　　　　　　　　　　　　D. 以上全部
2. 下面属于陶制品的是（　　）。
   A. 灰砖　　　　B. 青瓦　　　　C. 琉璃瓦　　　　D. 以上全部
3. 能够产生玲珑剔透效果的砖雕技法是（　　）。
   A. 圆雕　　　　B. 浮雕　　　　C. 透雕　　　　　D. 线刻
4. 砖雕多用于传统建筑的（　　）。
   A. 影壁　　　　B. 门头　　　　C. 漏窗　　　　　D. 以上全部
5. 我国春秋战国至秦代，砖的主要用途是（　　）。
   A. 铺设地面　　B. 铺设台阶　　C. 建造墓室　　　D. 以上全部

二、填空题

1. 我国传统瓦根据形式可分为 ＿＿＿＿＿＿＿＿＿ 和筒瓦两种类型。
2. ＿＿＿＿＿＿＿＿＿ 位于筒瓦的头部位置，是我国传统建筑构件中的一种，具有遮蔽檐头、阻止瓦片下滑的作用。
3. ＿＿＿＿＿＿＿＿＿ 与木雕、石雕合称为"建筑三雕"。

三、简答题

1. 简述砖的发展历程及其在建筑上的应用。
2. 传统瓦当被认为是绘画、雕塑和书法融合的艺术形式，请举例说明。

四、实地调研

根据当地情况选择一些调研地点，如传统街区、村落、园林、历史建筑及博物馆等，调查了解瓦和砖在本地传统建筑中应用的情况与特点，撰写调研报告。

Tradition
Tradition
Tradition

第六章 / 居室环境

【本章要点】

本章简要介绍了中国传统隔扇、门窗、隔断和家具的基本知识,选择典型的传统隔扇门、木窗、明式家具和竹制家具等进行了审美分析,设计了循序渐进的课堂练习和设计任务。通过学习、思考和实践,让学生深入理解传统民居的居室环境之美,增强实践和创新能力。

第一节 隔扇与家具

一、门窗与隔扇

(一)门窗概述

建筑的本质和核心是人工空间与环境。建筑空间有内外之别,建筑的内部与外部一般会采用不同的装饰手法。中国传统民居的类型丰富多样,按照基本形态可分为"合院式"和"非合院式"两大类。"合院式"民居包括北方的四合院、西北的窑洞院、南方的天井院等类型。"非合院式"民居包括南方的吊脚楼、石碉楼、竹楼,以及北方牧区的帐篷、毡房等类型。其中,北方的四合院是我国传统民居中的典型代表。

"墙倒屋不塌"是广泛流传于中国北方民间的一句俗语,这句俗语形象地说明了中国传统建筑木框架结构的特点:木柱起承重作用,墙体不承重,只起围护和分隔空间的作用,二者相对独立。因此,中国传统木构架建筑的围护结构可在柱间任意设置,墙体和门窗的大小、位置、形式等基本不受约束,有极大的自由度。这种结构特点有利于门窗的设置,有些民居院落内的建筑,前檐的大部分墙面均设置成隔扇形式的门或窗。

门是供人进出建筑物或者房间的构件,是建筑中不可或缺的元素。门不仅具有沟通内外交通、划分建筑内外或者内部区域的功能,还能起到一定的通风和采光的作用。当然,门的主要功能依然是用于进出建筑物或者某个空间。

窗起源于远古穴居房屋排除室内烟气的洞口,最早的窗并不是在墙上,而是在屋顶上,类似现在的天窗。随着人类的建筑由半穴居发展为地面建筑,窗的首要功能也由排烟演变为采光和通风。虽然窗可以开启和关闭,但通常不作为出入建筑的通道。从建筑的发展历史来看,门的出现早于窗,早期人类居住的简易建筑中,门和窗均是位于墙上或屋顶上的孔洞(见图6-1)。

图6-1 早期建筑的门窗

东汉学者刘熙在《释名》中解释道:"窗,聪也;于内窥外为聪明也。"随着人们对室内居住环境的要求不断提高,窗的重要性也日益增强。

唐代诗人杜甫《绝句》中写道:"两个黄鹂鸣翠柳,一行白鹭上青天。窗含西岭千秋雪,门泊东吴万里船。"诗人用"含"把窗的观景功能形象生动地描绘了出来。类似的诗句还有唐代诗人李白《过崔八丈水亭》中所写:"高阁横秀气,清幽并在君。檐飞宛溪水,窗落敬亭云。"更早的还有魏晋南北朝时期的诗人谢朓,他在《郡内高斋闲坐答吕法曹》中写道:"窗中列远岫,庭际俯乔林。日出众鸟散,山暝孤猿吟。"在这两首诗中,有关窗的诗句与杜甫所写的"窗含西岭千秋雪"有异曲同工之妙,人们不仅通过窗来观景,窗也成为景色的一部分。

门与窗在中国传统建筑中,既有分工,又有合作。门主要负责交通出入,窗负责采光和通风。门窗不但承载建筑的出入、采光和通风等功能,而且对建筑的外观也起到至关重要的作用。中国传统建筑营造法式中将门与窗统归为外檐装修。

中国传统木构架建筑常被划分为台基、屋身和屋顶3个部分,日常生活中人们身体和视线接触最多的是屋身,门窗对屋身的美化功能就凸显出来。民居建筑面向内院的门窗,更注重舒适宜人、美观大方。

从外部观察传统的北方四合院民居,所见多是青灰色的砖墙、简朴的窗和厚实的外门。当进入院落之后,你会看到完全不同的院内景观。面向街道的门窗与面向内院的门窗呈现出不同的外部形态,前者注重保障安全,后者注重舒适和美观。

(二)隔扇概述

隔扇是中国传统建筑常用的一种分隔和联系空间的构件,隔扇兼具隔墙和门窗的使用功能,此外还具有装饰功能。隔扇是传统建筑中不可或缺的构件,我国传统建筑的门、窗、隔断大多采用隔扇的形式,它们同家具一起,共同构成具有鲜明特色的室内环境。

隔扇属于镶板式门窗，由木框、格心、裙板和绦环板等组成。木框由两根竖框和多个横框（抹头）组成，将框内划分成多个框格。隔扇上半部分的中心框格内镶嵌的构件称为格心，下半部分的中心框格内镶嵌的构件称为裙板。根据隔扇高度的不同，分别在格心和裙板的上、下还有中间布置2~3道的绦环板。隔扇上的横框称为抹头，根据抹头在隔扇上所处位置的不同，可分为上抹头、中抹头、下抹头。格心是隔扇的重点构件，常采用木条榫接或木雕的方式，形成透漏的结构和美观的图案（见图6-2）。在玻璃被应用之前，多用纸或纱粘贴在格心上，以遮蔽风雨。

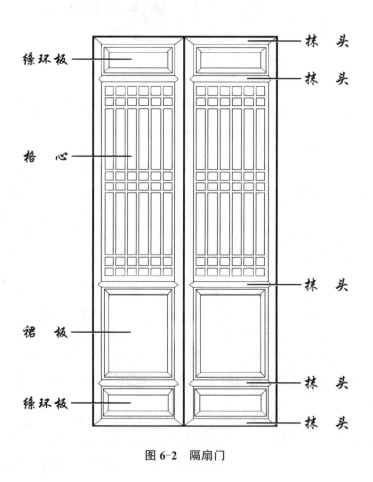

图6-2 隔扇门

通过榫卯连接在一起构成格心的木条，也被称为窗棂。窗棂的不同组合形成了各种美观的格心图案。随着时代的发展，格心的窗棂图案逐渐由简单向复杂演变，它不仅体现了时代的审美特色，也蕴含着丰富的传统文化。窗棂图案在建筑的整体设计中常常起到画龙点睛的作用，宋代的《营造法式》和明代的《园冶》中均列出了多种窗棂图案，有些窗棂形式一直沿用至今。

窗棂主要分为平棂、曲棂和菱花3种基本类型，常用的平棂图案有直棂、方格、斜格、一码三箭、套方、步步锦、灯笼锦和冰裂纹等，曲棂图案有海棠纹、铜钱纹等（见图6-3），菱花图案有双交四椀和三交六椀两种。

（a）一码三箭

（b）海棠纹

图6-3 窗棂图案（一）

明末造园家计成在《园冶》里写道："古以菱花为巧。"菱花是一种水生草本植物所开的花，这种草本植物在我国南北方均有栽培，菱花在人们的心中还有防火的象征意义。在封建社会，格心的窗棂图案在构图、用色上等级分明，菱花格心等级最高，只能用于宫殿等重要的建筑上，而三交六椀菱花等级又高于双交四椀菱花（见图6-4）。

（a）三交六椀菱花

（b）双交四椀菱花

图6-4 窗棂图案（二）

隔扇可以作为门使用，隔扇门的数量根据建筑物开间的大小来定，多采用2扇、4扇、6扇和8扇等。隔扇也可以作为窗，槛窗就是一种隔扇窗。槛窗的构成及制作方法与隔扇基本相同，两者的区别在于槛窗没有隔扇下部的裙板部分。槛窗安装在槛墙上，北方用槛墙，南方用木板壁。多数情况下，槛窗和隔扇门一起使用，共同形成一个整体，使整个建筑物的立面和谐统一。从图6-5中可以看出，槛窗没有隔扇的裙板部分，安装在柱子之间的槛墙上。

图6-5　隔扇门和槛窗

隔扇窗的类型很多，除了槛窗以外，还有横披窗和高侧窗。横披窗是指固定在隔扇门或槛窗之上，形状呈长条形的窗（见图6-5）。高侧窗是指位于建筑物墙体上较高位置的窗，而天窗是指位于屋顶的窗。

根据窗的开启方式不同，传统的窗可以分为固定窗、支摘窗、转窗。早期的窗多数都不能开启，属于固定窗；随着技术的提高，支摘窗得到了较为广泛的应用。支摘窗在南方也称为"合和窗"，一般由上下两个窗扇组成，上部的窗扇可以推出支起，下面的窗扇可以摘下。

在封建社会，窗的类型也被赋予了严格的等级规定。窗的等级从高至低依次为槛窗、支摘窗和直棂窗。一般在宫殿建筑群中，主殿用槛窗，偏殿用支摘窗，而直棂窗只能用于库房、杂役房、厨房等次要性辅助用房上。

二、传统家具

(一) 家具概述

我国传统家具制作工艺具有悠久的历史，不同时期的起居方式影响着家具的功能、形式和风格。我国古代人们的起居方式经历了从席地而坐到垂足而坐的变化，家具同样经历了从低矮型家具到高型家具的变化。

早期人类均是席地而坐，陶器上的装饰多集中在口部、颈部、肩部和上腹部，这是因为陶器多摆放在地面，而人们坐着时，视线多落在陶器这些部位。

从商周到秦汉，人们依然沿用席地而坐的习惯，这个时期的家具多为低矮类型。从魏晋南北朝到隋唐，受到北方游牧民族和佛教的影响，已经出现了高型家具，满足部分人群垂足而坐的起居方式。宋代以后，多数人习惯垂足而坐的起居方式，高型家具成了主流。

家具的发展和建筑的发展一直是并行的关系，建筑样式和风格的演变一直影响着家具的样式和风格，从我国传统家具的结构、工艺、形式和风格中可以找到很多传统建筑的影响。

根据材料的不同，传统家具主要分为木制家具、竹藤家具和金属家具等。根据木材的品种不同，传统木制家具又分为硬木家具和柴木家具两种类型。其中，较贵重的家具多采用硬木制成，普通民间家具多采用柴木制作。

根据造型的不同，传统家具可分为束腰式家具和非束腰式家具。束腰式家具的面板与支撑框架之间有一道向内收缩、长度小于面沿和牙条的腰线。家具的束腰不仅具有显著的装饰功能，还能增强面板和结构框架连接的牢固度。有束腰的家具也是我国明式家具中的一种重要造型样式。

根据功能的不同，传统家具可分为坐具、卧具、承具、箱柜、屏风、架具等多种类型。

坐具是供人坐的家具，主要包括椅子、凳子和坐墩等。

卧具是供人睡卧休息的家具，主要包括床和榻等。汉代以后，床专指卧具，榻则成为官僚、贵族和文人雅士休息与会客所用的坐具。

承具是供人坐时依凭和搁置物品的家具，主要包括桌、案和几。

箱柜是用来储藏、存放、搁置物品的家具，主要包括箱、柜、橱和架格等。

屏风是用来分隔室内空间、挡风或屏蔽视线的家具。明代后期出现了一种挂在墙壁上的挂屏，清初出现了用于几案上摆设的插屏，这两种都失去了视觉遮挡或分隔空间这些屏风本来的实用功能，只用于装饰室内环境。

架具是用来支撑物品和美化室内环境的家具，包括灯架、衣架、盆架、镜架等。

家具与人类的生活息息相关，不同的历史时期和地区有不同的习俗，因而产生了不同风格的家具。京式家具主要指北京地区生产的家具，以宫廷用具为主。苏式家具主要指苏州及周围地区制作的家具，以民用为主。广式家具是广州地区生产的家具，融合了国内传统和外来家具技法，多用于出口。

家具是由各种结构性部件，按照一定的制作工艺组合而成的。这些结构部件有各自的用途，制作时也有特定的要求（见图6-6）。

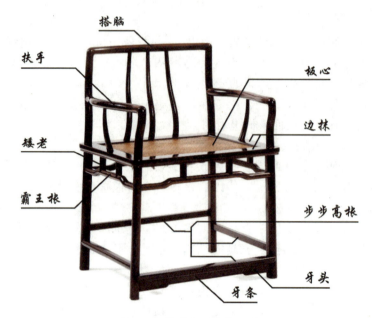

图6-6　传统家具部件示意

"面板"一般是指家具中承放人或物品的床面、桌面、案面、凳面、椅面等。此外，柜子的柜门虽不用于承重放物，也称为面板。我国传统家具大多数都采用镶板式即"攒边框装板心"的方法来制作面板，也就是用四根规格相同的木条组成一个方框，然后在框内镶嵌面心板。

"边抹"是"大边"和"抹头"的合称。凡是用攒边的方法做成的家具方框，如桌面、凳面的四边框架中，两根出榫的木框条叫"大边"，两根凿有榫眼的木框条叫"抹头"。

"搭脑"是指高靠背椅子顶端的横挡，因正好位于人的后脑勺而得名。搭脑是高靠背的椅子才有的结构部件，在椅子造型和装饰方面起着很重要的作用。

"牙条"又称"牙板"，一般用薄于边框的木板制成，安装在家具前面及两侧框架边沿，具有装饰和加固的作用。牙条的两端部分称为"牙头"，常雕刻成花纹形状。"牙条"分为没有雕刻花纹的"素牙条"和有雕刻花纹的"花牙条"。

"枨"是指家具中起加固作用的木条，用料要比做框架的大边和抹头小一些。根据功能和形态的不同，枨有多种类型，包括横枨、罗锅枨、霸王枨、十字枨等。

"矮老"是指家具牙条与横枨之间起支撑作用的小立枨，因其通常都不高，称为矮老。可单件使用，也可几件为一组。

"卡子花"是一种图案化的"矮老"，常被雕刻成方胜、卷草、云头、铜钱、花卉、双套环等形状，在起到加固作用的同时，又有较强的装饰作用。

"腿式"是指家具腿的式样，有方柱直腿、圆柱直腿、扁圆腿、如意腿、竹节腿等。

"托泥"是指家具足部之下的承托结构,用来将家具足部托起,使之不直接接触地面,故叫"托泥"。

金属饰件是指用在箱、柜、橱家具上的金属附件,铜制较多,具有实用功能和装饰效果,如拉手、合页、套脚、包角等。

传统家具的制作过程包括选料、加工、开榫、装饰、攒接、打蜡、擦亮等。"榫卯"是中国古代建筑、家具和器物广泛使用的一种连接构造,是在两个构件上采用凹凸部位相结合的一种连接方式;凸出部分叫"榫"(或叫榫头),凹进部分叫"卯"(或叫榫眼、榫槽)。我国榫卯结构早在新石器时代就已经出现,在距今六千多年的河姆渡遗址,就曾发现大量的榫卯结构的木质构件。

传统家具榫卯的类型非常丰富,常见的有燕尾榫、托角榫、棕角榫、抱肩榫、套榫、插肩榫等,一般可分为点对点、面与面、三点接合榫卯等主要类型。

"点对点榫卯"主要用于横竖材之间的丁字接合、成角接合、交叉接合、直材和弧形材的接合等(见图6-7)。常见的有"格肩榫""双榫""半榫""通榫"等榫卯类型。

"面对面榫卯"是指用于两个面之间的接合,常见的有"槽口榫""企口榫""燕尾榫"等榫卯类型(见图6-8)。

"三点接合榫卯"是指将3个构件组合在一起的接合方式,常见的有"托角榫""长短榫""抱肩榫""棕角榫"等榫卯类型(见图6-9)。

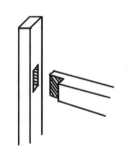
图6-7 点对点榫卯

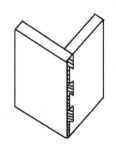
图6-8 面对面榫卯

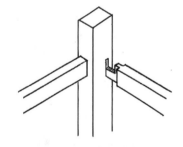
图6-9 三点接合榫卯

传统家具在制作过程中,榫卯的准备、制作和连接是其中关键的环节。"攒斗法"和"攒边法"是传统家具制作的两种常用工艺,均充分利用了榫卯结构。

"攒斗法"是指用榫卯结构将许多小木料拼成较大范围图案的家具制作工艺。"攒"是指把纵横的短材用榫卯组合成纹样,"斗"是指用透雕的小木料组成纹样,"攒"与"斗"结合使用,称为"攒斗"。"攒斗法"也应用于传统建筑中各种门窗隔扇和隔断的制作上。

"攒边法"也是传统家具制作常用的一种工艺,是用榫卯结构将4根木材做成四方形的边框,边框内侧再开槽装入面芯板,也被称为"攒边打槽装板"。"攒边法"一般用于桌、椅、凳的面板部位的制作。

中国传统家具不仅具有很强的实用性,而且装饰工艺十分精湛,传统家具的装饰工艺主要包括雕刻装饰、镶嵌装饰和漆饰等。

雕刻装饰是指采用圆雕、浮雕、透雕和线刻等工艺对家具进行装饰。

镶嵌装饰是将各种材料制成的饰物镶嵌在家具上进行装饰，经常用来镶嵌的材料有螺钿、瓷片、珐琅、大理石、贵重金属丝线等。

漆饰是指用漆对家具进行装饰，漆饰工艺的历史悠久、技法多样。

除此之外，传统家具上常用到一些金属附件，也被看作传统家具的一种装饰技法。这些金属附件通常具有一定的功能，如合页、拉手、包角、套腿等。每一种金属附件都有独特的形状，与家具的整体风格和谐统一。

（二）家具历史

早期人类都是"席地而坐"，草席成为最早的家具类型。早在旧石器时代晚期，生活在华夏大地上的人类就掌握了结草成席的技术。编织而成的草席可供人们坐、卧、铺、垫，这是中国最古老的家具。除了编织草席，早期人类还缝制动物的皮毛为褥子，作为休息用的坐具或卧具。

在距今约七千年的浙江省宁波市余姚镇的河姆渡遗址中出土的席子，已采用了较为复杂的编织技艺。此外，遗址中还发现了干栏式建筑构件，这些构件用榫卯连接，木构建筑技术的发展也为家具制造提供了技术基础。随着生产力和生产工具的渐趋发展，在距今约四千年的山西省临汾市襄汾县的陶寺遗址中发现了盘、案等木制彩绘家具。

席子是中国古人最早的坐具，席地而坐也成了中国古人最早的起居方式（见图6-10）。人们大部分的日常生活起居都是围绕着席子进行，席子周围摆放其他生活器具，所有生活器具、家具的尺度都是配合席子、人体的尺度而产生的，所以当时的家具都是矮型家具。

图6-10 汉代画像砖中的席地而坐

商周时期是中国古代青铜器高度发达的时期，青铜器中有不少雕饰精美的禁、俎之类的家具，例如，用来切肉或盛放食物的俎，青铜家具在商周时期主要用于祭祀、礼仪和大型宴饮。此外，西周时期已经出现屏风家具的雏形，称为扆。

春秋战国时期，青铜器的制作技艺得到很大发展，家具发展进入一个新的阶段，漆木家具逐渐兴起。髹漆家具多以木为胎，外部髹漆，装饰有精美的图案。家具类型有俎、几、案、床、屏风、架、箱等，其中，漆案和漆几是这一时期最具代表性的家具。这一时期，人们的生活起居方式依然是席地而坐，矮型家具有了长足的发展，家具种类更加丰富，功能分工也更加明确，家具制作兼顾实用与美观，髹漆工艺已发展到一定水平。

西汉和东汉时期，从出土的汉代画像砖中可以看到，当时的人们使用适合"席坐"和"榻坐"生活的家具。这个时期，屏风得到了广泛的应用，成为汉代家具中最有特色的品种，挡风和遮蔽是屏风的主要功能。《新定三礼图》中记载："屏风之名，出于汉世。"《史记》有"孟尝君待客坐语，而屏风后常有侍史，主记君所与客语，问亲戚居处。"的记载。

魏晋南北朝时期，受北方游牧民族、印度佛教和其他因素的影响，席地而坐的生活方式开始向垂足而坐的生活方式转变，出现扶手椅、方凳、圆凳等家具。

隋唐五代是我国家具历史上一个极为重要的转型时期，席地坐和垂足坐的起居方式并行。家具的主流从席地而坐的低矮家具向垂足而坐的高型家具转变。唐代是高足桌椅的起始时代，虽有桌椅，仍以床、榻作为室内的陈设中心。这一时期的家具造型丰富，装饰华丽。

宋代家具的结构与造型得到了很大的改进，仿效传统建筑采用各种榫卯结构来组成实体，出现了硬木家具制造工艺。宋代垂足而坐基本取代了席地而坐，室内陈设以桌、椅为中心，普通百姓家庭也已使用高型家具。家具造型趋向于简约秀雅，一些构件都是出于结构和造型的双重考虑的结果。宋代还出现了我国最早的组合家具，俗称燕几，它可以进行拼接组合，形成多种形状的家具。

明代的家具种类繁多，主要有床、榻、椅、案、几、箱柜和屏风等类型。明代家具多以素面为主，利用木材本身的纹理来赋予家具美感，较少雕饰；即使雕刻，也是以线条为主，或在家具的局部进行浮雕、镂雕或镶嵌装饰。明代的社会经济相对稳定，促进了手工业的进步。兴建私家园林的热潮，极大地推动了家具业的发展。海外贸易的发展，为明代家具的生产提供了大量的优质硬木材料。同时，明代还诞生了一批专业文献和技术书籍，如《天工开物》《鲁班经》《髹饰录》《长物志》《园冶》等。上述因素共同造就了独特的"明式家具"，直到今天，家具行业依然受到明式家具风格的影响。

清代早期的家具沿袭了明代工艺及制作方法，后期逐渐形成了新的清代家具风格。清代家具用材厚重，装饰华丽，雕饰繁缛，重观赏而轻实用，风格雍容华贵。家具大多用紫檀、花梨木、红木等名贵木料制成，质地坚硬。清代家具还用象牙、大理石、宝石、珐琅、螺钿等多种材料装饰，结合雕刻、镶嵌、漆饰等多种工艺手法，精雕细琢。清代家具也吸收外来文化的长处，仿制西欧家具样式，家具制作技术达到了一个新的高度。

第二节 审美分析

一、隔扇之美

（一）隔扇审美

隔扇是中国传统建筑必不可少的组成部分，也已成为传统建筑的一个象征符号。因气候、环境、历史、经济和人文等多方面因素的不同，我国各地传统建筑的隔扇门窗形成了不同的区域特色，北方和南方地区存在较大的差异。北方以合院民居和窑洞民居的隔扇风格为代表，南方以徽派民居和私家园林建筑的隔扇风格为代表。

北京地区民居的隔扇门窗，明显受到了明清宫廷建筑的影响。明清时期的宫殿或王府建筑上，隔扇大都是方格、斜格、一码三箭、步步锦、双交四椀菱花和三交六椀菱花等形式。因此，北京地区四合院民居的隔扇门窗也多采用平棂，如方格、斜格、一码三箭和步步锦等形式，风格简洁。

窑洞是我国陕西、甘肃、河南、山西、内蒙古和宁夏部分地区特有的民居建筑形式，源于早期人类的穴居方式。与传统的木结构建筑不同，窑洞一般是依地势开凿出来的具有拱顶的建筑形式。窑洞的门窗极富特色，集中布置在窑洞的正立面，门与窗融为一体，风格质朴。

在安徽、江西和福建等地，民居建筑中的隔扇门窗多以雕刻繁复取胜，形成了一种独特的风格。在隔扇的格心、裙板和绦环板上，采用线雕、浅浮雕、高浮雕或透雕的手法，雕刻出各种图案，内容包括吉祥花卉、祥瑞动物、著名的历史人物及耳熟能详的戏曲故事等。在色彩的运用上，隔扇常采用木质本色或用黑色描金。

江南地区私家园林建筑中的隔扇门窗，减少了烦琐的雕刻，把对植物、动物和人物等实物的描摹更换为较为抽象的几何图案，例如，这类隔扇门窗常采用冰裂纹、万字纹等图案，风格疏朗典雅，体现了中国传统文人的审美趣味。

（二）隔扇赏析

1. 隔扇门

图 6-11 所示的门为典型的隔扇形式，该隔扇门为木制材料，隔扇上部的格心设计为几何风格的"套方"图案，疏密有致，简洁大方。裙板上为竹子和山石图案，采用浅浮雕的雕刻手法，生动活泼。裙板之下的绦环板雕有左右对称的如意卷草纹，裙板与格心之间的绦环板上也雕刻有竹子，构图上是裙板竹子图案的延伸，使得绦环板和裙板成为一个整体，并与镂空的"套方"格心形成实与虚的对比，以及自然图案和几何图案的对比，具有整体和谐而富有变化的审美效果。

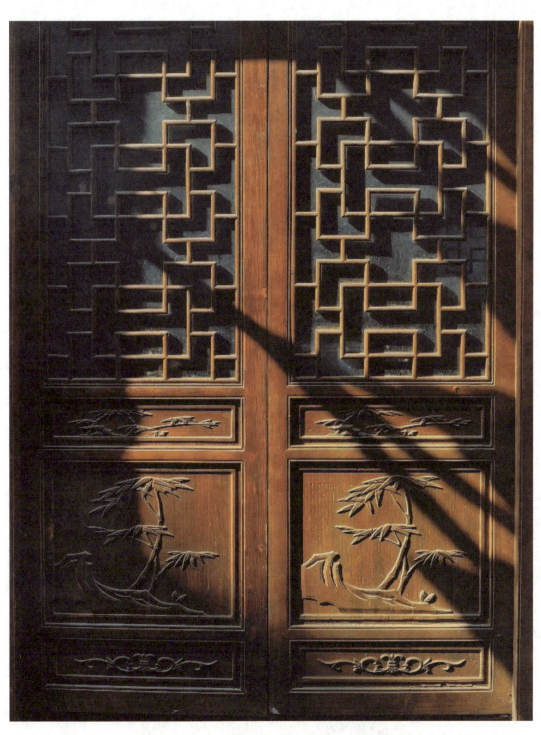

图 6-11 隔扇门

2. 民居木窗

图 6-12 是我国民居上的木窗，制作精细，深棕的颜色使得整个木窗显得古朴厚重。窗的图案为龟背纹和海棠纹的结合，正八边形代表龟背，里面的 4 个半圆组成的图案代表海棠花。整个木窗图案呈几何对称，方圆结合，优美和谐。龟背纹和海棠纹寄托着人们希望长寿和富足的美好愿望。

图 6-12　民居木窗

3. 窑洞门窗

图 6-13 所示的是陕西延安窑洞民居，门窗均为木制，颜色呈深褐色，与整个窑洞建筑环境的颜色和谐统一。窑洞的门和窗组合在一起，整体呈拱形，与内部拱结构空间的形式一致。门上部的拱形窗被划分为 3 部分，居中为正方格窗棂图案，在其左右对称地布置了斜方格窗棂图案，统一中富于变化。门的右侧为安装在槛墙上的四扇窗，中间是方格窗，左右两扇采用了对称的"套方"窗棂图案。这组窑洞门窗形式简洁，古朴美观。

图 6-13　陕西延安窑洞门窗

4. 园林隔断

图 6-14 所示的是杭州郭庄园内的风景，游廊不仅方便人们游览和休息，还起到了隔景（增加景观层次）和框景（突出重点景观）的作用，游廊也可以看成是一种园林景观的空间隔断。游廊额枋下的挂落采用了左右对称的"拐子纹"图案，下面的栏杆为传统的万字纹，以二方连续的构图方式连绵不断。组成挂落和栏杆的木棂条粗细相同，间隔相当，虽图案不同但整体和谐统一，共同构成了一幅富有中国传统美学韵味的景物图框。

图 6-14　园林的隔断

二、家具之美

（一）家具审美

《考工记》中记载："天有时，地有气，材有美，工有巧，合此四者，然后可以为良。"中国传统家具在明代达到了较高的水准，明式家具崇尚质朴之风，注重意匠美。直到今天，家具设计仍从明式家具中汲取着营养。

明式家具结构科学，功能实用。借鉴中国传统建筑的木框架结构，明式家具形成了以框架为主的结构形式。主要运用榫卯结构进行连接，极少用铁钉。家具中用于支撑和连接的各种部件,将结构和造型融为一体。

明式家具造型优美,比例合度。常用直线和曲线、方形和圆形及线和面形成对比,椅子的靠背弧度和扶手的曲线符合人体工程学原理,使家具既美观又实用。

明式家具装饰简洁,寓意丰富。家具讲究用材,重视展现木材自然的色泽和纹理。为了不破坏家具的完整性和自然美,仅在显眼部位雕刻一些图案纹样。这些图案纹样寓意吉祥,起到了画龙点睛的作用。

明式家具工艺精湛,注重细节。家具的装饰图案雕刻精美,线脚精工细作,金属饰件精巧协调。整个家具制作严谨细致,一丝不苟,牢固美观。

除了木制家具以外,竹藤家具也是我国传统家具中颇具特色的一种类型,其中竹制家具广泛应用于南方地区人们的日常生活之中。竹制家具拥有材料绿色环保、制作工艺简单、造型美观大方等优点,符合当今社会可持续发展的需要。

(二)家具赏析

1. 明式圈椅

图 6-15 所示的是一对明式圈椅和方案,这套家具风格简洁,做工精细。圈椅的下部采用了硬朗的直线条,与圈椅上部的优美弧线形成直曲对比,既满足了使用功能的要求,又丰富了视觉感受。圈椅顶部的一圈弧线和靠背弯曲的弧度,符合人体的坐姿,是材料特性、使用功能和优美形式三者的高度统一,体现了明代文人士大夫阶层追求舒适生活和高雅精致的审美趣味。

图 6-15 明式圈椅和方案

2. 明式方桌

图 6-16 所示的桌子为束腰形式,其两侧腿足下不带托泥,也无圈口和雕花板心,而是在腿间稍上一些的位置上装有横枨,桌腿和桌面之间的牙子雕刻成花纹图案。家具各部件比例合度、协调,家具未做过多装饰,表现了木材本身的色泽和自然纹理。

图 6-16　明式方桌

3. 竹椅

图 6-17 所示的是四川合江古镇上人们使用的竹椅,这两把竹椅造型质朴,工艺精简。椅子的椅腿、椅面框架和搭脑都采用了直径较粗的竹节加工而成,以满足承重等功能要求,椅背使用直径较细的竹节制成,两者对比强烈。前后两条腿均由一根竹材弯曲做成,四面的横枨也是由一根竹材弯曲包裹住椅子的四条腿,竹节构件之间采用开孔榫接,这些做法都巧妙地利用了竹材的加工特性。椅子的颜色呈深褐色,给人历经岁月的厚重感。

图 6-17　竹椅

4. 插屏

图 6-17 所示的是一座民国时期的大理石插屏，用于装饰室内，供人欣赏。这座插屏的屏心镶嵌有一块天然大理石，大理石自然的纹理和色彩形成了一幅颇具水墨意境的山水画，画面的墨色浓淡适宜，意趣盎然。屏扇的外框雕刻了拐子纹，呈二方连续的结构形式。木制屏扇的边框和屏座的颜色为赭红色，与大理石屏的颜色和谐统一。整座插屏具有简练、质朴、典雅和大方的风格特点。

图 6-18 〔民国〕大理石插屏（绍兴博物馆藏）

第三节 实践练习

一、相关术语

【框架结构】是由柱子和梁、板、屋架等承重的结构形式,框架结构的墙体不承重。中国传统木结构建筑是由柱、梁、檩、椽等构件组成的一个框架结构支承系统。

【隔扇】是最具中国特色的木制建筑构件之一,可以当作墙、门或窗使用,一般由格心、裙板和绦环板等部分组成,是建筑立面装饰的重点所在。

【格心】是位于隔扇上部的镂空结构,用于采光和通风,也是隔扇上重点装饰的部分。

【裙板】是位于隔扇下部的木板,主要起围护作用。

【绦环板】是隔扇的组成部分,位于格心的上部、裙板的下部或格心和裙板之间。

【抹头】隔扇的木横框称为抹头,包括上横框、下横框和分隔格心、裙板和绦环板的中间木横框。

【窗棂】在隔扇的格心中,作为支撑结构的木条组成的部分,也被称为窗棂。

【隔扇门】由两组或多组隔扇组成,可以用作门打开的一组隔扇。

【槛窗】也称为半窗,由隔扇去掉裙板部分,安装在槛墙上的建筑构件。

【低矮型家具】是指满足人们席地而坐的生活习惯的家具类型,典型低矮型家具有席、案、几。魏晋南北朝之前,低矮型家具是主要的家具类型。

【高型家具】是指满足人们垂足而坐的生活习惯的家具类型,典型的高型家具包括凳子、椅子和桌子,宋代高型家具已经被普遍接受。

【榫卯】是指用于中国传统建筑、家具、农具及其他木制器物的连接构造,是在两个构件上采用凹凸部位相结合的一种连接方式。凸出部分叫"榫",凹进部分叫"卯"。

【攒斗法】是中国传统家具常用的一种制作工艺,是用榫卯结构将许多小木料拼成较大范围的图案。"攒"是指把纵横的短材用榫卯组合成纹样,"斗"是指用透雕的小木料组成纹样,"攒"与"斗"结合使用,俗称"攒斗"。

【攒边法】是中国传统家具常用的一种制作工艺,是用榫卯结构将4根木材做成四方形的边框,边框内侧再开槽装入面芯板,俗称"攒边打槽装板"。

【明式家具】是指流行于15—17世纪的传统家具式样,因始于明代,故称为"明式家具"。明式家具以选材精细、造型大方、结构合理、工艺精湛、风格简洁为特色。

二、课堂练习

（一）观察与分析

1. 观察图 6-19 中的传统民居隔扇门，在其下空白处手绘该隔扇门的草图，并在图中标出隔扇门各组成部分的名称。

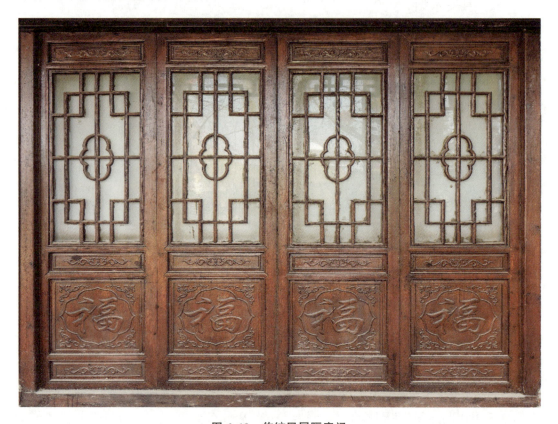

图 6-19　传统民居隔扇门

草图和分析

2. 观察图 6-20 中的明式椅子，在以下空白处手绘该椅子的草图，并在图中标出椅子各组成部分的名称。

图 6-20　明式椅子　　　　　　　　　　　　　草图和分析

（二）模仿与学习

1. 图 6-21 是传统家具中的一种圆凳，请利用身边的废旧材料，模仿传统家具的样式制作一只圆凳模型，并在以下空白处用手绘图表现所制作的圆凳模型。

图 6-21　圆凳　　　　　　　　　　　　　　　模仿练习

2. 图 6-22 是明式家具中的一种坐具"交机",它是从古代胡床演变而来的,是我国最早出现的坐具之一。古代胡床实际上是一种轻便、可折叠的坐具,类似现在的"马扎"。利用身边的废旧材料,制作一个"交机"模型,并在以下空白处用手绘图表现所制作的"交机"模型。

图 6-22 交机　　　　　　　　　　　　　　　　模仿练习

(三)讨论与总结

鲁班锁,也称孔明锁,相传由春秋战国时期的著名工匠鲁班发明,起源于中国古代建筑首创的榫卯结构。这种三维的拼插玩具内部的凹凸部分啮合十分巧妙。请打开一个鲁班锁玩具,分析讨论其榫卯结构的特点,撰写图文并茂的总结报告。

三、小组设计实践

(一)传统窗棂风格的工作台挡板设计

1. 设计题目

"冰梅纹"是将冰裂纹与梅花纹巧妙结合的图案,冰裂纹源于瓷器釉面裂开类似冰裂的纹理,梅花纹来自梅花美丽的形象,二者均为典型的中国传统图案。冰裂纹和梅花纹的组合不仅被用来表达对高洁、坚韧等美好品质的追求和赞美,还表达了寒冬将尽和春天在望的寓意。冰梅纹常用于瓷器、服饰、家具、门窗、园林景观、建筑装饰等(见图6-23)。

(a)"冰裂纹"窗棂图案　　　　　　(b)"冰梅纹"窗棂图案

图6-23　窗棂图案

应用所学的窗棂与隔扇等相关知识,小组合作设计一种传统窗棂风格的工作台挡板,详细说明设计意图,并进行展示和汇报。

2. 具体要求

(1)设计应融合传统冰梅纹图案;
(2)分析当代工作环境的特点与需求,确定工作台挡板的应用场所和使用功能;
(3)绘制工作台挡板的设计草图;
(4)用文字和分析草图等阐述设计思路与图案寓意;
(5)用数字化设计软件生成工作台挡板模型(根据设备条件,可选);
(6)根据设计草图或数字模型,选用瓦楞纸板等材料制作工作台挡板的实物模型;
(7)制作演示文稿,可配合数字或实物模型进行展示与讲解。

（二）可移动和组合的课桌椅设计

1. 设计题目

宋代文人黄伯思发明的"燕几",又名"七巧桌"或"宴几",满足了当时上层社会饮宴、书画、琴棋、吟诗等多种场合的需要,成为最早出现的组合家具之一。"燕几"由 7 个构件构成,尺寸上有一定的比例和规格,它的特点是可以随意组合、形式多样和功能多用(见图 6-24)。

图 6-24　现代组合桌

参考"燕几"的设计理念和风格,根据所学的传统家具相关知识,小组合作设计一组用于高校讨论教室、可移动和组合的课桌椅,详细说明设计意图,并进行展示和汇报。

2. 具体要求

（1）课桌椅应可以移动和互相组合,以满足不同使用场景的要求;
（2）课桌椅的形式应具有中国传统文化的特色;
（3）对高校讨论教室课桌椅的功能、材料和形式的设计需求进行分析;
（4）绘制课桌椅的设计草图;
（5）用文字和分析草图等阐述设计思路和课桌椅的使用模式;
（6）用数字化设计软件生成课桌椅模型(根据设备条件,可选);
（7）根据设计草图或数字模型,选用瓦楞纸板等材料制作课桌椅的实物模型;
（8）制作演示文稿,可配合数字或实物模型进行展示与讲解。

【本章小结】

本章由 3 节组成，内容包括中国传统居室环境中常用门窗、隔扇与家具的基本知识、审美分析和实践练习。

隔扇与家具的基本知识包括门窗与隔扇和传统家具两部分。门窗与隔扇部分介绍了门窗的起源与功能，以及隔扇的构造组成、应用类型和窗棂图案。传统家具部分介绍了家具的功能、分类、组成、工艺及发展过程。

传统隔扇和家具的审美分析包括两个部分。隔扇和门窗的审美，以传统隔扇门、民居木窗和园林隔断为例进行了分析，重点分析了隔扇和门窗的结构及窗棂图案。传统家具的审美，以典型明式家具、民间竹制家具和插屏为例，分别从形式、结构及总体风格等方面进行了分析。

实践练习中小组设计实践的部分，采用项目式学习方式，引导学习者应用所学隔扇、门窗和家具的基本知识，结合实际需求进行设计。通过两个设计项目的实践，在学以致用中激发创新意识和设计灵感。

【拓展学习】

拓展资料

【课后作业】

一、单项选择题

1.隔扇门的（　　）通常会设计成精美的镂空图案。
　　A. 绦环板　　　B. 格心　　　C. 裙板　　　D. 以上全部

2.（　　）窗棂图案是菱花格心。
　　A. 三交六椀　　B. 一码三箭　　C. 步步锦　　D. 直棂

3."凿户牖以为室，当其无，有室之用"这句话出自老子的《道德经》，这里的"牖"指的是建筑的（　　）。
　　A. 屋顶　　　B. 墙　　　C. 门　　　D. 窗

4.（　　）会用到传统的榫卯结构。
　　A. 明式家具　　B. 斗栱　　C. 窗棂　　D. 以上全部

5.我国传统建筑隔扇门窗中的格心，通常采用（　　）。
　　A. 攒斗法　　B. 攒边法　　C. 粘贴法　　D. 捆绑法

二、填空题

1.＿＿＿＿＿＿＿＿＿＿可以用作墙、门和窗，一般由木框、格心、裙板和绦环板等部分组成。

2.＿＿＿＿＿＿＿＿＿＿是指用于中国传统建筑、家具、农具及其他木制器物的连接构造，是在两个构件上采用凹凸部位相结合的一种连接方式。

3.隔扇的格心部分可采用木雕中的＿＿＿＿＿＿＿＿＿＿技法雕刻出图案。

三、简答题

1.简述隔扇在中国传统园林中的作用。
2.简述明式家具的风格特点。

四、实地调研

根据当地情况选择一些调研地点，如传统街区、园林或村落、历史建筑及博物馆等，调查了解本地传统建筑中使用的门窗、隔断和家具的特点，撰写调研报告。

第七章 / 桥通南北

【本章要点】

本章介绍了中国传统桥梁的类型、特点和发展过程，对典型梁桥和拱桥分别进行了审美分析。通过观察、分析、讨论和制作模型等课堂练习，以及公交车站与人行天桥装饰的小组设计实践，促进学生对桥梁基本知识的理解和掌握，提高审美意识，增强实践和创新能力。

第一节　认识桥梁

一、桥的知识

（一）桥的类型

桥梁是道路重要的组成部分，它跨越河流、深谷等障碍，使得人员流通和物资运输可以更加便利。桥梁不仅是交通设施，还蕴含着丰富的文化和历史内涵。桥与梁在我国古代是同义异名的两个字，东汉时期的文字学家许慎在《说文解字》中将"桥"解释为："桥，水梁也。从木，乔声，高而曲也。"将"梁"解释为："用木跨水也，即今之桥也。"（见图7-1）。

图7-1　早期梁桥

根据建桥材料的不同，我国传统桥梁可以分为木桥，石桥，木、石混合桥，砖、石混合桥，竹藤桥和铁索桥等。

早期的桥梁多为木桥，因为当时木材资源丰富，木材本身也易于加工。但木材易燃、易腐，很难长久使用。随着石料加工技术的提高，木桥逐步被石桥或木、石混合结构的桥所替代。木、石混合结构的桥一般是用石料做桥墩，用木材做桥面。全部用砖建造的桥梁极少，多数是砖、木、石混合结构。竹藤桥和铁索桥主要分布在我国的西南地区。

根据结构形式的不同，我国传统桥梁可以分为梁桥、拱桥、索桥、浮桥4种基本类型。

梁桥也称"平桥"，由桥墩和桥身两部分组成，以桥墩间隔一定的水平距离作承托，其上架梁并平铺桥面。根据所用材料的不同，梁桥可分为木梁桥，石梁桥和木、石混合结构梁桥等，中小型的石梁桥是民间最为常见的一种类型。

拱桥也称"曲桥"，根据拱券构造的不同可分为折边拱桥和曲线拱桥。根据拱的形状不同，可以分为五边、七边、半圆、尖拱、马蹄拱桥等多种类型。根据拱形洞数量的不同，可分为单拱、双拱和多拱桥。最具代表性的石拱桥是隋代建造的赵州桥。江南地区的古代桥梁多是单孔石拱桥，结构轻巧美观，拱的中部高起处建造成水平桥面，两端设置阶梯式步道连接两岸。

索桥也称"吊桥""绳桥""悬索桥"等，是用竹索、藤索、铁索等悬吊并直接锚固在桥两岸而成的桥。四川灌县珠浦桥是我国现存最古老的竹索桥，云南永平霁虹桥是我国现存最古老和最宽的铁索桥。

浮桥也称"舟桥"，多数作为临时性桥梁。它用舟船来代替桥墩，用缆索维系，固定在两岸或水下，上铺木板，以供通行（见图7-2）。

图7-2 梁桥与浮桥的组合

根据当地河流的具体情况，传统桥梁有时会分段采用不同的结构形式，例如，部分桥段是梁桥结构，部分用浮桥结构（见图7-2）；或者部分桥段是梁桥结构，部分是拱桥结构（见图7-3）。

图7-3　梁桥与拱桥的组合

梁桥、拱桥、索桥、浮桥的产生和成型并不是一蹴而就的，在桥梁发展的初期还产生了两类简易的"桥"——碇步桥和溜索桥，它们可以看成上述几种类型桥梁的雏形。

碇步桥也被称为踏步桥、矴步桥，它是由"鼋鼍以为梁"演化而来的，可以看成是梁桥的雏形。如今在浙江南部、福建东北部山区依然有这类桥存在，浙江省温州市泰顺县仕阳镇的碇步桥设计精巧，碇步的数量最多，长度最长。虽然现在的碇步桥在日常交通中很少使用，但在园林景观中却广泛应用，成为园林水景设计中重要的元素之一。

溜索桥是索桥的雏形，用藤条、竹篾或牛皮制成粗大结实的绳索，横悬在深谷或河流两岸的崖壁上，借助木制溜筒，依赖重力把人和货物滑向对岸。溜索桥有两种形式，一种是仅有一根溜索，来往两岸均使用这根溜索，俗称平溜；另一种是有两根溜索，来往两岸分别使用不同的溜索，俗称陡溜。溜索桥至今还在我国西南一些偏远地区使用，解决了当地人们跨越深沟险壑的难题。

除了梁桥、拱桥、浮桥、索桥4种常见桥梁以外，还有一类特殊的桥梁——栈道。桥梁也被定义为架空的构筑物，因此，凌空的栈道也可以看成是一种特殊的桥梁。栈道也被称为"复道"，指在无法通行的山崖峭壁上凿出孔，把木桩插进石孔中，固定结实，再在木桩上平铺木板，成为可以通行的道路。唐代诗人杜甫在《五盘》诗中写道："仰凌栈道细，俯映江木疏。"同时代的诗人张文琮所写的《相和歌辞·蜀道难》中的诗句"飞梁架绝岭，栈道接危峦"更是形象地描绘出了古代栈道的奇险。

（二）桥的装饰

传统桥梁不仅帮助人们顺利地跨越河流与山谷，而且还与周围的环境融为一体，令人赏心悦目。桥梁的结构不同，体现出不同的美感。有些梁桥的桥洞依次排列，具有极强的韵律感。有些拱桥的弧度优美，宛若彩虹，舒展灵动。

桥梁的结构不仅满足了通行功能的要求，同时也形成了整体的形态之美。此外，传统桥梁还应用了丰富的装饰技法加以美化，这些装饰技法主要包括以下内容。

（1）华表和牌坊。多设置于桥头附近，有指路和标志的作用。华表和牌楼属于较高规格的桥头建筑，既增添了桥的美感，又加强了桥的气势。

（2）碑或碑亭。多设置于桥头附近，碑文大多记述建桥、修桥过程或名人题写的桥名、赞美桥的文字或诗句。

（3）桥头雕塑。多设置于桥头附近，多为铁牛、石牛或铜牛，有些古桥的雕塑为犀牛、龙、大象、麒麟、狮子及神像人物等。唐代诗人杜甫在《石犀行》中写道："君不见秦时蜀太守，刻石立作三犀牛。自古虽有厌胜法，天生江水向东流。"从杜甫的诗中可知，秦代的桥头雕塑中曾有石雕的犀牛，用作镇水兽。

（4）桥塔。多设置于桥头附近，塔的出现与佛教传入有关，古时人们普遍认为造桥修路是行善之事。

（5）桥栏。一般由栏板、望柱和抱鼓石组成，起到加固桥体，保护行人的作用。桥栏的栏板常雕刻着鲤鱼跃龙门、双龙戏珠、五福捧寿等吉祥图案，柱头上常雕刻成狮子、大象、莲花及猴子等形象。

（6）桥廊。指在桥上建的长廊，有全封闭、半封闭和开放式3种类型。带有桥廊的桥也被称为廊桥，廊桥主要分布在我国湖南、浙江、福建、广西等省（自治区）的山区地带。

（7）桥屋（阁）。指在桥面上建的屋或阁楼，桥屋（阁）多建在伸臂梁桥和叠梁拱桥上。桥屋（阁）除了具有遮阳避雨的作用，还为人们提供了社交、祭祀和娱乐的空间。

（8）桥亭。指在桥面上建的亭子，既有供过往行人歇息和观景的功能，又有美化桥体、平衡视觉的作用。有的桥亭柱子上设有对联，内容大多与桥的特点有关。

（9）吸水兽。一般位于桥体中心拱券上的拱顶石（也称龙门石）处，多为龙头形状。这种形似龙的吸水兽也被称为"蚣蝮"，还被称为"趴蝮"。民间传说它也是龙的儿子，喜欢水，伸头张嘴，有的也作排水用。

（10）桥联柱。多设置于中心拱券两旁，桥联柱上刻有对联。

（11）分水尖。是指石桥墩的迎水面部分，通常建成尖的船首形或鸟首形，分水尖减轻了河水对桥墩的冲击力，同时也对桥墩起到了美化作用。

（12）传统书法、篆刻和文学。传统书法、篆刻和文学同样在桥的装饰艺术中有所体现。桥的匾额上的文字，桥联柱、桥亭、桥屋（阁）上的对联，桥碑上的记录等，通常具有较高的书法和篆刻水平。文字除了展示桥的名称、建桥过程、维护方法等内容，还有描述当地风景、民俗、历史的内容。这些书法、篆刻、文学等内容，不仅装饰了桥的外观，同时也丰富了桥的文化内涵，潜移默化地影响着人们的行为与观念。

卢沟桥位于北京市西南永定河上，始建于金大定二十九年（1189年），是华北最大的古代石拱桥，也是北京市现存最古老的石造联拱桥（见图7-4），下面以卢沟桥为例来分析桥梁装饰的应用情况。卢沟桥为东西走向，全长266.5 m，宽7.5 m，共11个桥孔，有桥墩10座。桥墩的形式为船形，迎水一面砌成三角形分水尖。中心桥孔及其东西两桥孔的拱顶上刻有吸水兽的图案。卢沟桥东西两端的北侧各有石碑一座，其中一块碑上刻着"卢沟晓月"4个大字。

图7-4　北京卢沟桥

卢沟桥的东西两端桥头两侧，各建有八棱柱体石制华表一对，共4根，高4.65 m，形制古朴豪放。华表下部为一石制八角形须弥座，座上立着一根八角形石柱，石柱上端横贯云板。柱顶上为莲座形状的圆盘，上面蹲坐着一只石狮，俯视着桥面。

卢沟桥上的石刻十分精美，桥面南北两侧护栏共有栏板279块，望柱281根，每件栏板都雕刻花纹，柱高约1.4 m，柱头刻有莲花座，柱顶刻有众多的石狮子，这些狮子的高度一般在20～50 cm。民间有句歇后语说："卢沟桥的石狮子——数不清。"这些石狮子千姿百态，栩栩如生，体现了石雕艺人丰富的想象力和精湛的雕刻技巧。著名的《马可波罗行纪》将卢沟桥描述为："河上有一美丽石桥，各处桥梁之美鲜有及之者。桥两旁皆有大理石栏，又有柱，狮腰承之。"卢沟桥护栏东端是一对石狮，桥的护栏西端是一对石头雕刻的大象。在桥的中心拱券、东西两端拱券的拱顶石（龙门石）上，刻有形似龙的吸水兽。

1937年7月7日，日本侵略军在此发动全面侵华战争，史称"卢沟桥事变"，当地中国驻军奋起抵抗，全民族抗战由此爆发。

二、桥的历史

（一）桥的发展

早在原始社会，人类就曾利用石块、藤萝和自然倒下来的树木跨过河流和沟壑。这些自然形成的"桥"现在依然可以看到，常被人们称为"天生桥"。早期的人类正是从自然界中受到启发，建造了简易的桥梁，这些桥极有可能就是独木桥或是几根木料拼成的简易梁桥。

在陕西半坡新石器时期的遗址中，考古工作者发现当时的人们在聚居地周围，挖有宽、深各5m左右的深沟，这些深沟用于保护部落不受野兽和敌人的侵袭。由于防御壕沟的设置，部落成员出入居住地也需要借助桥梁。

西周时期我国已经出现了浮桥，《诗经》中记载周文王为娶妻，"亲迎于渭，造舟为梁"，说明这个时期已经开始应用浮桥渡河。

春秋时期已建有木梁桥。北魏郦道元在其著作《水经注》中记录了山西省汾水上一座始建于春秋时期晋平公时的木柱木梁桥，桥下有30根柱子，每根柱子直径5尺。这是见于古书记载的最早的一座梁桥。

战国时期木梁桥、石梁桥已普遍在黄河流域开始建造，这个时期还有索桥建造的记载。秦国的蜀郡太守李冰在今四川成都治理水患，兴修水利。他不仅设计建造了举世闻名的都江堰，还在成都周边建造了几座桥梁，其中一座桥被称为"笮桥"。"笮"在古代有"竹"的含义，这座桥极有可能是一座竹索桥。西南地区的地理环境和自然资源适合建造索桥，至今还有一些索桥存在。战国时期秦惠文王开始修褒斜栈道，以打通秦与巴蜀之间的交通阻碍。《史记》中记载："栈道千里，无所不通，唯褒斜绾毂其口。"

秦汉时期经济、技术的发展为拱桥的出现奠定了物质与工艺基础。东汉的画像砖中清晰刻画了拱桥的形态，说明东汉时期已经修建了石拱桥。石拱桥的技术难度远远大于梁桥，它的出现，说明我国造桥技术在汉代已有关键的突破，梁桥、浮桥、索桥和拱桥这4种基本的桥梁均已形成（见图7-5）。

(a) 梁桥　　　　　　　　　　　　　　(b) 拱桥

图7-5　东汉画像砖中的梁桥和拱桥

隋唐时期是中国古代桥梁建造技术发展的一个高峰时期。《旧唐书·职官志》中记载："凡天下造舟之梁四，河则蒲津、大阳、河阳，洛则孝义也。石柱之梁四，洛则天津、永济、中桥，灞则灞桥。木柱之梁三，皆渭川，便桥、中渭桥、东渭桥也。巨梁十有一，皆国工修之。其余皆所管州县随时营葺。其大津无梁，皆给船人，量其大小难易，以定其差。"这段话中记载的桥梁类型有浮桥、石柱桥和木柱桥等类型。始建于隋代的河北赵州桥，是世界现存最早、跨度最大的单孔圆弧敞肩石拱桥。

两宋时期，随着社会、经济与科学技术的发展，传统桥梁技术达到顶峰。北宋张择端在《清明上河图》中描绘了一座造型优美的编木拱桥，因宛如飞虹，故名"虹桥"。这座虹桥与河北赵县隋代赵州桥、泉州北宋洛阳桥、潮州南宋广济桥并称为中国四大古桥，后三座桥梁保存至今。

元明清时期，随着皇家园林和私家园林的发展，许多桥梁形式开始广泛应用在园林中，形成了独特的园林景观。这些用于园林中的桥有拱桥、梁桥、碇步桥等类型，因为受到园林空间的限制，这些桥多数尺寸较小，但形式较为灵活，例如，梁桥多呈曲折的形态并且贴近水面。

从材料和结构来看，我国古代桥梁沿着"先木后石，先平后拱"的路径发展而来，传统桥梁从修建简易的木梁桥发展到石板梁桥，再到石拱桥。

从发展历史来看，桥梁的兴建、造桥技术的提高与所处社会时期的政治、经济、文化发展密切相关。经济和文化的繁荣促进了桥梁的发展，也促进了对桥梁审美的提升。

（二）诗词中的桥

桥梁的发展不仅体现在结构、形式和功能的变化中，同时也不断激发起传统文人的想象力。有些桥梁成了诗人和画家描绘的对象，位于陕西西安附近的灞桥就是其中的典型代表。灞桥是历史上最富有诗意的古桥之一，"灞桥折柳"和"灞桥风雪"体现了传统文人对灞桥的喜爱之情。

《诗经·小雅·采薇》云："昔我往矣，杨柳依依。""柳"与"留"谐音，折柳赠别，表达了送别者对即将离去的朋友和亲人的深情厚谊。

汉代《三辅黄图》卷六《桥》中记载："灞桥在长安东，跨水作桥，汉人送客至此桥，折柳赠别。"古往今来，人们就在灞河两岸筑堤植柳，灞桥两岸逐渐柳树成荫，杨柳低垂也使灞桥成为最有诗意的送别的桥。

隋代在汉代灞桥南边，新建了一座桥，替代了原来的灞桥。之后，该桥也是历经数次废弃与重建。通过对该桥遗址的分析，推断该桥的总长度达100余m，拱跨度在5.5 m左右。桥墩长约9.5 m，宽约2.5 m，形状呈船形，迎水面一端有分水尖和石雕吸水兽。它是已知年代最早、桥面跨度最大的一座大型联拱石桥。

隋唐时期，灞桥两岸有柳树上万株。唐代诗人王之涣在《送别》中写道："杨柳东风树，青青夹御河。近来攀折苦，应为别离多。"从这首诗中可以看出，唐代仍然存在折柳送别的社会风尚。唐代诗人李白在《忆秦娥·箫声咽》中写道："秦楼月，年年柳色，灞陵伤别。"唐代诗人李商隐在《及第东归次灞上却寄同年》中写道："灞陵柳色无离恨，莫枉长条赠所思。"这两首诗词生动地描绘了唐代文人们在灞桥上折柳送别的伤感场景。

宋代词人柳永在《少年游·参差烟树灞陵桥》中写道："参差烟树灞陵桥，风物尽前朝，衰杨古柳，几经攀折，憔悴楚宫腰。"南宋文学家陆游在《秋夜怀吴中》中写道："灞桥烟柳知何限，谁念行人寄一枝。"至此，"灞桥折柳"成了古代文人们离别的代名词。

不仅灞桥的春柳，灞桥的冬日，尤其是风雪天气，同样象征着离别和思恋，"灞桥风雪"是著名的"关中八景"之一。宋代诗人许及之在《再次转庵用梗字韵赋梅》中写道："见梅思洛阳，何愁道路梗，见雪忆灞桥，便可心思省。"在诗人许及之的心中，雪中灞桥也是独特的风景和记忆。宋代诗人范成大在《南塘冬夜倡和》中写道："燃萁烘暖夜窗幽，时有新诗趣倡酬。为问灞桥风雪里，何如田舍火炉头？"宋代诗人吕本中在《次蔡楠韵》中写道："交旧悠悠西复东，建昌南望水连空，蔡侯念我有新句，犹似灞桥风雪中。"灞桥风雪如同灞桥折柳一样，成为唐宋诗人们表达思念的代名词。

"诗画同源"是中国传统艺术观点之一，"灞桥风雪"不仅出现在诗歌中，还出现在文人画家的作品中。不少画家直接以灞桥风雪为题，创作了一些优秀的绘画作品。宋代画家夏圭、明代画家沈周和吴伟等都创作过以灞桥风雪为主题的画作。不过这些画家作品中的灞桥均为乡间木桥，而不是灞桥的实际形态——一座颇为壮观的多孔石拱桥。灞桥实际上成了古代文人画家们抒发心境的象征之地（见图7-6）。

（a）沈周所绘

（b）吴伟所绘

图 7-6　灞桥风雪（局部）

灞桥不仅给灞河上往来的人们带来了出行的便利，还激发了历代诗人和画家的创作灵感。同样，我国苏州地区的枫桥，因唐代诗人张继的一首著名诗《枫桥夜泊》而广为人知。灞桥和枫桥，一北一南，遥相呼应，共同为中华传统诗词和绘画增添了美的元素。

第二节　审美分析

桥的审美元素包括结构、形态、装饰和环境等。桥作为实用性建筑工程，功能合理是首先要满足的设计要求。使用功能决定了桥的结构类型和形式的选择，而桥的结构则决定了桥的整体形态。同时，桥的材料对于桥的形态也产生影响。桥的装饰则不仅增添了桥的外在美观度，而且也赋予了桥深厚的文化意味。

传统桥梁的装饰方法很多，可以在桥体、桥上护栏、栏板、望柱上进行雕刻，雕刻的内容包括动物、植物、人物和吉祥图案等。也可以在桥头设置牌坊、桥碑、桥亭、塔、镇水兽等。除此以外，传统梁桥上的楹联和匾额，也是传统书法和篆刻艺术的体现。

传统桥梁的设计和建造，还注重与周围的自然、建筑和人文环境保持和谐一致，为环境增色。

一、梁桥之美

(一) 梁桥审美

根据结构形式的不同,梁桥主要包括简支梁桥和伸臂梁桥两种类型,伸臂梁桥又可分为普通伸臂梁桥和撑架伸臂梁桥两种类型。

根据结构材料的不同,梁桥可分为木梁桥、石梁桥和石墩木梁桥3种类型。简支梁桥多为石梁桥,是结构最为简单,最易建造的桥梁。伸臂梁桥多为木梁桥,工匠在河流两岸将圆木或方木纵横相叠,层层出挑后,中间再以梁搭接。撑架梁桥是使用了斜撑的特殊伸臂梁桥。

根据桥墩数量的不同,梁桥还可以分为单跨梁桥、双跨梁桥和多跨梁桥3种类型。多跨梁桥可形成重复的视觉效果,产生一种周期性的节奏美感。

传统的木梁桥由于木材易被风雨侵蚀,常在桥上加盖长廊或屋、亭、阁来予以保护,这类梁桥常被称为廊桥,有些地方将其称为"风雨桥"或"花桥"。桥上的长廊、屋、亭、阁等均采用传统木构建筑的技术建成,富有中国传统建筑的特色和美感。

(二) 梁桥赏析

1. 城市梁桥

图7-7为浙江绍兴著名的八字桥,被称为最早的立交桥,该桥为石砌梁桥,始建于南宋时期,是绍兴重要的历史文化遗产之一。八字桥位于绍兴市内三河和三街交汇处,主河南北流向,东西各有一条小河汇入。八字桥主桥的桥面长5.5 m,宽3.1 m,高5.75 m,桥跨长4.8 m,桥洞高4.15 m。

图7-7 浙江绍兴八字桥实景

该桥共有3个桥洞和4组台阶，主桥大桥洞的东端台阶为南向和北向八字落坡，西端台阶为西向和南向八字落坡。其中东端的南向台阶与西端的南向台阶，隔主河相对成八字。跨越东、西两条支流的桥洞，一个设于东端南向台阶和街道衔接之处，另一个设于主河对岸西端南向台阶的中间平台之下，小船可穿行而过（见图7-8）。八字桥因地制宜，设计灵活，一桥跨三河、通四岸，独运匠心地解决了高密度城市空间中复杂的交通问题，集中体现了南宋绍兴地区高超的桥梁设计和建造技术，以及江南地区桥文化的智慧和美。

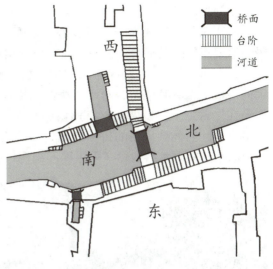

图7-8　浙江绍兴八字桥平面示意图

2. 龙脑梁桥

四川省泸州市泸县龙脑桥修建于明洪武年间，位于九曲河上，以优美奇特的装饰闻名于世，桥墩上的瑞兽雕塑体现了传统石雕的高超水平。龙脑桥全长54 m，高约5.3 m，宽1.9 m，共有桥墩12座。中间8个桥墩从北到南分别雕刻着麒麟、狮、龙、象4种瑞兽。该桥的石质构件依靠自身相互垒砌承托，在建筑技术上达到了很高的水平。此外，该桥的石雕工艺精湛，线条流畅，风格粗犷。瑞兽的造型生动活泼，栩栩如生，整座桥与绿意盎然的环境融为一体（见图7-9）。

图7-9　四川泸县龙脑桥

3. 侗族廊桥

广西柳州三江的程阳风雨桥是一座规模较大的木制廊桥，充分体现了我国侗族桥梁和房屋建筑的风格特色。该桥是一座平梁伸臂式木石混合结构桥，桥的结构由廊亭、跨桥、支撑3部分组成（见图7-10）。桥长64.4 m，宽3.4 m，高10.6 m。下部5个石砌的桥墩支撑着整座桥，石墩上用圆木纵横相叠、层层出挑形成伸臂，木梁板桥面就架设在伸臂之上。桥面上建有遮雨的长廊，两旁有长凳，可供行人避雨和休息。5个桥墩上又建有侗族风格的桥亭5座，屋面均为5层重檐的楼亭建筑，廊檐绘有精美的侗族图案。桥上木结构廊亭采用榫卯结构，使整座桥连接成一个整体。

图7-10 广西柳州三江程阳风雨桥

二、拱桥之美

（一）拱桥审美

我国的拱桥形式多样，造型美观。拱的形状有多边形、半圆形、马蹄形、弧形、尖拱形等多种类型。半圆形拱的形状为半圆形，这种形状最为普通，施工也较为方便，如重庆万州区的万州桥。马蹄拱的弧度略大于半圆，类似马蹄形，江南水乡的拱桥多属于此类。弧形拱的弧度小于半圆，形成的曲线较为平缓，河北赵州桥的桥拱即为弧形拱。尖拱是由两段不同圆心的圆弧搭接组成的，适用于拱矢较高的环境，如江苏无锡市的大成桥。

拱桥的桥面与拱券之间的区域为桥的"拱肩"，一般都是实心的，也就是用石块填满，使其连接和支承桥面。如果桥的拱肩上开设了小的拱洞，这样的小拱被称为"敞肩拱"，如河北赵州桥是世界上最早的敞肩拱桥。4个"敞肩拱"不仅可以减轻桥的自重,还可以通过泄洪减小洪水对桥体的冲击。"敞肩拱"的数量多为偶数,左右对称,与所在的桥拱一起形成整座桥梁平衡的美感。

因为地理位置、经济和造桥技术等不同,北方地区的石拱桥多为厚墩厚拱,南方地区的石拱桥多为薄墩薄拱。

拱桥在孔数上有单孔与多孔之分,跨度较小的拱桥多为单拱石桥,我国南方水乡的石拱桥多为此类。跨度较大的拱桥多为多孔拱桥,桥拱的孔数多为奇数。多孔的石拱桥有两种类型,一类是中间孔径较大,两边孔径按比例减小;另一类是孔径相同,重复排列。两类多孔石拱桥具有不同的节奏之美,形成两种不同的美学风格。

传统的石拱桥和木拱桥也有在其上加盖长廊或桥屋的类型,这类拱桥也称为"廊桥",因此,廊桥既有梁桥结构,也有拱桥结构。其中,木拱廊桥是最为特殊的一种廊桥,主要分布在我国浙江和福建两省交界的山区地带。拱桥上的长廊、屋、亭、阁等,均采用传统木构建筑的技术建成,富有中国传统建筑的特色和美感。

(二)拱桥赏析

1. 敞肩石拱桥

我国的古代桥梁技术曾长期保持领先的位置,隋代建造的河北赵州桥就是桥梁历史上重要的一座桥,它代表了当时最为先进的造桥技术。该桥不仅结构设计科学合理,而且形态优美,桥体的装饰同样制作精美且具有浓郁的传统特色。

赵州桥又名"安济桥",建于隋代,距今 1 400 多年,由工匠李春设计。赵州桥长约 64 m,跨径约 37 m,拱券高约 7 m,桥面由青白色石灰岩砌筑而成,中间走车马,两边过行人。该桥采用圆弧拱式结构,两端肩部各有两个小孔,因此,被称为单孔敞肩型石拱桥。这种结构使桥面平坦,桥身受力合理。桥拱肩上的 4 个小拱,不仅减轻了桥的自重,还可以减小水流的推力,提升了桥的稳固性。桥的整体弧线优美,大拱与其肩上 4 个小拱均衡对称,轻巧美观(见图 7-11)。

图 7-11　河北赵州桥全景

赵州桥的石雕独具一格，精巧灵动，巧夺天工，体现了隋代石雕技术的精湛水平。赵州桥主拱顶部刻有吸水兽，气势威严。桥面石栏板上刻有蛟龙图案（见图7-12），望柱上刻蛟龙、兽面等图案，雕刻的技法纯熟流畅，风格豪放。

图7-12 河北赵州桥栏板装饰

2. 单孔石拱桥

图7-13为云南省大理州剑川县沙溪古镇黑惠河上的玉津桥，位于茶马古道上。该桥始建于清代，为单孔石拱桥，长35.4 m，宽5 m，净跨12 m，拱高6 m。桥面两边有石板护栏，桥拱顶部南北两面各雕了一个鳌头遥望上下游的江面。该桥的桥拱呈半圆形，弧度优美，桥两岸植物茂密，青灰色的桥身与远山形成对景，石桥经岁月的洗礼，依然巍然屹立。

3. 编木拱廊桥

图7-14为浙江省温州市泰顺县仙居桥，该桥是一座编木拱桥，因桥上有廊，也称为木拱廊桥。仙居桥创建于明景泰四年，全长约42 m，宽4.9 m，高12.6 m，跨径约34 m，为平孔木拱廊桥。桥的结构为典型的编木拱结构，桥洞呈"八"字形，整座桥梁结构合理，形态流畅，气势如虹。

仙居桥的结构，与宋代画家张择端《清明上河图》中描绘的虹桥类似，都属于奇异的编木拱结构。在我国闽浙山区，这类极具传统特色的桥梁构成了当地独特的建筑和人文景观。

图 7-13 云南玉津桥

图 7-14 浙江省温州市泰顺县仙居桥

4. 木拱廊桥

图 7-15 为甘肃省定西市渭源县灞陵桥，现为木拱廊桥，有"渭河第一桥"之称。该桥结构合理，形态优美，是西北地区难得一见的桥梁杰作。全桥长约 40 m，跨度约 27 m，高约 15 m，宽约 5 m。桥上建有廊房 13 间，两侧置栏杆扶手。桥的底部以每排 10 根圆木并列，共 11 组，从两岸石堤逐级飞挑，形成优美的弧形桥体。桥上廊顶及桥两端廊亭皆为卷棚式，上覆灰瓦。桥体结构通过木头纵横相贯、交错搭接构造而成，展现了我国西北地区卓越的造桥工艺。

图 7-15 甘肃省渭源县灞陵桥

第三节 实践练习

一、相关术语

【梁桥】也称平桥,是以桥柱或桥墩间隔一定的水平距离作承托,其上架梁并平铺桥面的桥。梁桥根据建筑材料可分为木梁桥、石梁桥和木石混合梁桥,根据结构可分为简支梁桥和伸臂梁桥。

【拱桥】因桥的形象而得名,它的主要承重构件的外形是曲折的,所以古代称为曲桥。拱桥根据拱券构造可分为折边拱桥和曲线拱桥,根据材料可分为木拱桥、竹拱桥、石拱桥和砖拱桥等。

【索桥】也称吊桥、绳桥或悬索桥等,是用竹索、藤索、铁索等悬吊起来的桥。

【浮桥】也称舟桥,是用舟船来代替桥墩,上铺木板的桥,是一种建造快、造价低的实用性很强的桥梁。

【廊桥】也称风雨桥,是在桥面上加盖有长廊的桥,有平梁廊桥、木拱廊桥和石拱廊桥之分。

【桥堍】俗称桥头,指桥梁的桥面与桥两端的路面相衔接的部分。

【镇水兽】石制或铁制的动物形象,多为牛形或龙形,一般放置在两侧桥堍附近。

【桥碑】主要用来记载修建桥梁及其附属祠庙历史的石碑,一般放置在两侧桥堍附近,也有放置在桥边或桥上的亭子中的。

【望柱】是指传统建筑和桥梁中栏板之间的短柱,主要由柱头和柱身两部分组成,桥梁望柱的柱头多雕刻成莲花、狮子等形象。

【桥楹】指出现在桥上的楹联,一般布置在桥亭立柱上,也有位于桥拱两侧的。

【桥额】用来刻写桥梁名称的匾额,多出现在桥亭的柱子或在桥身侧面的中间位置。例如,石拱桥的桥额(多为桥名)多刻在石拱桥的拱券正上方。

【桥亭】为过桥的行人提供休息、遮风挡雨的亭子,位于桥头或桥上。

【分水尖】桥梁附属构筑物,用于减小水流对桥墩的冲击,多位于桥墩的迎水面并与之相连。

二、课堂练习

（一）观察与分析

1.江西省婺源市清华镇彩虹桥始建于南宋，迄今已经有八百多年的历史了，桥长140 m，宽6.5 m，是古徽州地区一座设计合理、形式优美、保存较为完整的廊桥（见图7-16）。观察彩虹桥，从整体的角度简要分析它在类型、结构、造型和装饰等方面的特点，记录在以下空白处。

图7-16 江西省婺源市清华镇彩虹桥　　　　　　　　　　分析记录

2.云南省建水县双龙桥始建于明代，为全国两座十七孔桥之一，迄今约有四百年的历史。双龙桥全长148 m，桥宽8.6 m，桥基高5.3 m（见图7-17）。观察双龙桥，从整体的角度简要分析它在类型、结构、造型和装饰等方面的特点，记录在以下空白处。

图7-17 云南省建水县双龙桥　　　　　　　　　　分析记录

（二）模仿与学习

1. 利用牙签、筷子或硬质吸管，制作图 7-18 所示"编木拱桥"的模型，并在以下空白处用手绘图表现所制作的编木拱桥模型。

图 7-18　编木拱桥　　　　　　　　　　　模仿练习

2. 利用塑料块、木块或其他块状材料，制作图 7-19 所示石拱桥的模型，并在以下空白处用手绘图表现所制作的石拱桥模型。

图 7-19　石拱桥　　　　　　　　　　　模仿练习

（三）讨论与总结

查阅文献了解园林景观中桥的应用，讨论桥在园林景观中应用的特点，撰写图文并茂的总结报告。

三、小组设计实践

（一）斗栱风格公交车站设计

1. 设计题目

斗栱是中国传统木构架建筑特有的一种构件，不仅在结构上起到承重作用，还具有突出的装饰功能。斗栱具有悠久的历史和丰富的文化内涵，成为中国传统建筑文化的象征符号之一。

随着城市交通的发展，公交车站的设计与建造也越发引起人们的重视，很多车站采用了新的材料和形式（见图7-20）。

图 7-20　公交车站

结合所掌握的斗栱知识，借鉴传统斗栱的应用方式，小组合作设计一种具有斗栱元素的公交车站，详细说明设计意图，并进行展示和汇报。

2. 具体要求

（1）在公交车站的设计中应用斗栱这一元素，可以是最简单的斗栱形式；
（2）分析公交车站在功能、材料、结构和形式等方面的设计要求；
（3）绘制公交车站的设计草图；
（4）用文字和分析草图等阐述设计思路与斗栱元素的应用特点；
（5）用数字化设计软件生成公交车站草图（根据设备条件，可选）；
（6）根据设计草图或数字模型，选用材料制作公交车站的实物模型；
（7）制作演示文稿，可配合数字或实物模型进行展示与讲解。

（二）人行过街天桥的装饰设计

1. 设计题目

中国传统桥梁的装饰手段非常丰富，包括雕塑、附属建筑、书画和文学等诸多方面。雕塑是最常见的装饰方式，如桥头石牛雕塑，栏板上双龙戏珠、鲤鱼跃龙门、五福捧寿等吉祥图案的雕刻，望柱上的狮子石雕等。桥上的桥屋（阁）、桥廊和桥亭，桥头的华表、牌坊、碑亭和桥塔等附属建筑，不仅起到了保护桥梁的作用，还提升了桥梁的美观度和文化内涵。桥梁装饰中也融入了传统书法、篆刻、绘画、楹联等艺术形式和文化元素，用于记录和桥梁有关的事件，并表达美好的寓意和愿望。

人行过街天桥在保障行人安全、缓解交通拥堵、提升生活质量和美化城市景观等方面发挥着重要作用，是现代城市不可或缺的基础设施（见图7-21）。

图7-21　人行天桥

请借鉴传统桥梁的装饰手法，结合掌握的桥梁设计知识，小组合作设计一套人行天桥的装饰方案，详细说明设计意图，并进行展示和汇报。

2. 具体要求

（1）应用传统桥梁的装饰类型或元素；

（2）分析人行过街天桥的功能、材料和形式的设计需求；

（3）思考传统桥梁装饰元素与人行天桥融合的方案，绘制设计草图；

（4）用文字和分析草图等阐述设计思路和方案特色；

（5）用数字化设计软件生成人行天桥装饰设计的模型（根据设备条件，可选）；

（6）根据设计草图或数字模型，选用材料制作人行天桥装饰设计的实物模型；

（7）制作演示文稿，可配合数字或实物模型进行展示与讲解。

【本章小结】

本章由3节组成，内容包括认识桥梁、桥的审美分析和实践练习。

认识桥梁介绍了中国传统桥梁的类型、装饰和历史，重点介绍了梁桥、拱桥、索桥和浮桥4种基本类型及其特点，总结了桥的各种装饰手段，并以卢沟桥为例进行了说明。依据历史文献概括了桥的发展过程，以灞桥为例介绍了中国诗词和绘画中桥的形象。

桥的审美分析包括两部分，梁桥审美以浙江绍兴八字桥、四川泸县龙脑桥和广西程阳风雨桥为例进行了分析，拱桥则选取了河北赵州桥、云南玉津桥、浙江仙居桥和甘肃灞陵桥进行了审美分析。

实践练习中，小组设计实践部分，采用项目式学习方式，通过公交车站设计和人行过街天桥装饰设计两个项目的实践，引导学习者理解创新与传统文化的密切联系，领会传统桥梁的美学内涵，激发创新意识和灵感。

【拓展学习】

拓展资料

【课后作业】

一、单项选择题

1. 河北赵州桥属于（　　）。
   A. 索桥　　　　　B. 拱桥　　　　　C. 梁桥　　　　　D. 浮桥
2. 四川泸定桥属于（　　）。
   A. 索桥　　　　　B. 拱桥　　　　　C. 梁桥　　　　　D. 浮桥
3. 宋代画家张择端《清明上河图》中的虹桥属于（　　）。
   A. 木梁桥　　　　B. 石梁桥　　　　C. 木拱桥　　　　D. 石拱桥
4. 唐代诗人王之涣有诗句描写送别："杨柳东风树，青青夹御河。近来攀折苦，应为别离多。"中国历史上最有诗意的送别古桥是（　　）。
   A. 汴京虹桥　　　B. 长安灞桥　　　C. 姑苏枫桥　　　D. 西湖断桥
5. （　　）属于传统桥梁的装饰元素。
   A. 桥亭　　　　　B. 桥楹　　　　　C. 栏板图案　　　D. 以上全部

二、填空题

1. ＿＿＿＿＿＿＿＿＿＿＿＿是以桥柱或桥墩间隔一定的水平距离作承托，其上架梁并平铺桥面的桥。
2. ＿＿＿＿＿＿＿＿＿＿＿＿用于减小水流对桥墩的冲击，多设于桥墩的迎水面并与之相连。
3. "水从碧玉环中过，人在苍龙背上行"描述的桥的类型是＿＿＿＿＿＿＿＿＿＿＿＿。

三、简答题

1. 以江苏昆山周庄古镇的桥梁为例，说明江南水乡石拱桥的形式特点。
2. 查找历代以"灞桥风雪"为题材的山水画作品，分析桥梁与传统国画作品的关系。

四、实地调研

根据当地情况，调查了解本地区传统桥梁的分布、类型、特点和使用等现状，绘制桥梁草图和分布示意图，撰写图文并茂的调研报告。

Tradition
Tradition
Tradition

第八章

传统节庆

【本章要点】

本章介绍了传统节气、节日、年画和剪纸的基本知识，从构图、色彩、图案、文化寓意等方面，对装饰节庆的年画与剪纸进行了审美分析。通过课堂练习与小组设计实践，加深对传统节庆、剪纸及年画基本知识的理解和掌握，提高审美意识，增强实践和创新能力。

第一节 节庆知识

一、节气与节日

（一）二十四节气与重要节日

对年度时间周期进行节气的划分起源于我国的黄河流域，早在春秋时期已有春分、夏至、秋分、冬至四大节气。二十四节气在秦汉时期已完全确定，按农历年的日期顺序分别是立春、雨水、惊蛰、春分、清明、谷雨、立夏、小满、芒种、夏至、小暑、大暑、立秋、处暑、白露、秋分、寒露、霜降、立冬、小雪、大雪、冬至、小寒、大寒。二十四节气可以分为4组，分别是春季节气、夏季节气、秋季节气和冬季节气。例如，立春、雨水、惊蛰、春分、清明、谷雨属春季节气。划分节气是古代人们从事农事活动的主要依据，中国传统节气的确定促进了农业生产的发展。

中国传统节日是中华民族历史文化长期积淀凝聚的结果，随着时代的发展，有些节日已经消失，流传至今并仍被广泛庆祝的有腊八节、春节、元宵节、清明节、端午节、七夕节、中秋节、重阳节等节日。其中，极为盛大热闹的节日要数春节、元宵节、端午节、中秋节，这些节日也是中国大多数民族的共同节日，每逢节日来临，人们都会用各种活动来庆祝。

节气与节日有着密切的关系，有些节日就是由过去人们庆祝节气而形成的。其中，清明节就是一个典型的例子。清明最初是一个节气，逐渐成为一个全国性的节日。清明既是节气名称，同时也是传统节日名称。

二十四节气与传统节日均是中国传统文化的载体，在节气和节日相关的庆祝活动中，蕴含了丰富的传统文化元素。同样，很多体现传统形式美的节日用品也潜移默化地塑造着中国的审美观。其中，用于传统节日和节气的年画、剪纸、灯彩等是典型代表。

（二）节气中的年画与剪纸

立春是春季的第一个节气，立春标志着春天的开始，"一候东风解冻，二候蛰虫始振，三候鱼陟负冰。"有一种年画在立春时张贴，内容一般为农夫和耕牛，用来提醒人们：春天到了，不要忘记春耕。人们在立春日张贴"春牛图"年画，表达期盼丰收的美好愿望。我国有些地区，会在屋檐下粘贴一种色彩鲜艳的长条形剪纸，称为"门笺""挂笺"或"挂钱"。门笺一般为长方形，形如锦旗，有单色、多色。立春时所贴门笺的寓意，除了祈福辟邪，还与"春牛图"一样，提醒人们春耕活动的开始。

冬至是二十四节气中最早被制定的一个，为二十四节气之首，民间有"冬至大过年"的说法。冬至在每年阳历年末，这天的白昼时间最短，黑夜时间最长。冬至代表着数九寒冬的开始，各地都有流行的"九九歌"，形象地说明了从冬至直到惊蛰节气这段时间的天气变化。"一九二九，不出手；三九四九冰上走；五九六九，河边看杨柳；七九河冻开；八九燕子来；九九加一九，耕牛遍地走。"这是曾流行于北京的"九九歌"的歌词内容。

为了打发从冬至开始的漫长寒冷时间，人们形成了从冬至起，以九天为一个周期，依次数九次，合计数八十一天的"数九"风俗。南北朝时期的梁宗懔在其编撰的《荆楚岁时记》中记载："俗用冬至日数及九九八十一日为寒尽。"说明至迟在南北朝时期，古代荆楚地区已有"数九"风俗。这种风俗逐渐演化成了一种特别的年画类型——"九九消寒图"，这类年画融合了日子计算、消闲娱乐和装饰点缀多种功能，极有趣味。"九九消寒图"年画有"梅花消寒图""画圈消寒图""泉纹消寒图""文字消寒图""葫芦消寒图""四喜人消寒图"等多种不同的图案类型（见图8-1）。

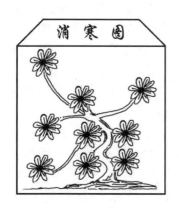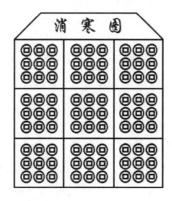

图8-1 "九九消寒图"年画的各种图案类型

（三）节日中的年画与剪纸

农历的十二月初八为中国传统的腊八节，又称"腊日"。"腊"原是远古时代的一种祭礼，农历的十二月称为"腊月"。在腊八节这天，人们除了要吃腊八粥以外，还在家张贴"五谷丰登""丰衣足食"等题材的剪纸，祈求来年无灾，吃穿无忧。腊月二十三又称"小年"（北方地区），是"送灶神"日，也是准备过年的标志。这一天的早晨要把头一年贴的剪纸"灶神"从灶台上取下来用火烧了，这个仪式称为"祭灶"或"送灶神"。

农历正月初一为中国传统的春节，俗称"新年"，是中华民族最为隆重的传统节日，也是时间最长，规模最大的传统节日。春节的庆祝活动从农历的腊月二十三日开始，一直延续到来年的正月十五。春节期间，人们举行丰富多彩、各具特色的庆祝活动。

宋代孟元老在《东京梦华录》中记载："近岁节，市井皆印卖门神、钟馗、桃板、桃符及财门钝驴，回头鹿马，天行帖子。"这些宋代的春节庆祝活动，已经包含了贴年画、贴春联等节日活动的雏形。

现在的人们延续着过去的传统，春节期间在门上贴上门神年画，或者贴一张书写或剪出来的"福"字图案，表达迎接幸福和福气的愿望。民间流行的关于春节的俗语"二十三扫房屋，二十八贴花花。"这里"贴花花"指的是窗花剪纸，人们在窗户上贴上各种吉祥图案的剪纸窗花。窗花不仅烘托了喜庆的节日气氛，还为人们带来了美的视觉享受，集装饰性和实用性于一体。春节期间，山东、天津、甘肃、东北等有些地区的人们还有贴门笺的习惯。门笺一般都与红色的对联、福字和年画搭配使用，表达人们对新年的期盼和祝福。

春节期间除了贴门神年画以外，根据时间还会贴灶王爷、老鼠嫁女、财神等不同内容的年画。其中，民间流传最广泛的年画题材是老鼠娶亲，描绘的是老鼠依照人间的风俗迎娶新娘的有趣场面。

元宵节，又称"灯节""灯谜节"，"元"指正月，"宵"是夜晚的意思。元宵节当晚要进行张灯、观灯、猜灯谜、舞龙灯、吃元宵等活动。农历正月十五的元宵节，标志着春节的庆祝活动将要结束，人们常常用各种吉祥图案的剪纸来装饰灯彩。

端午节简称为"端午"，民间有吃粽子、赛龙舟、舞狮子的习俗，其中，吃粽子和赛龙舟的习俗据说是为了纪念战国时期爱国诗人屈原。民间有句谚语："清明插柳，端午插艾。"农历五月是入夏的日子，各种疾病从此多起来，也是蝎子、蜈蚣、蛇、蜘蛛、蟾蜍开始活跃的时候。民间将蝎子、蜈蚣、蛇、蜘蛛、蟾蜍合称为"五毒"。当"五毒"出没的时候，要用各种方法来预防它们带来的伤害。所以，端午节的活动中辟邪除灾的内容有很多。

明代彭大翼在其所著《山堂肆考·宫集》中记载："端午以艾为虎形，或剪彩为虎，粘艾叶以戴之。"清代富察敦崇在其所著《燕京岁时记》中记载："端阳日用彩纸剪成各样葫芦，倒粘于门阑上，以泄毒气。"有的还在纸葫芦上垂丝穗、飘带等，或在葫芦中剪出五毒形状，挂贴于门，亦表示将五毒之气泄尽之意。山东有些地方，在端午节剪"艾虎"贴在门上，用来祛邪祈福。而山西一些地方在端午节剪"吉祥葫芦"挂在门楣上，用来趋吉避凶。民俗习惯有着顽强的生命力，在一些地方至今依然保留着这些习俗。

二、年画与剪纸

（一）年画概述

传统的民间年画多用木版水印，因此，又称为"木版年画"。年画含有祈福辟邪、祝福新年之意，寄托了人们对风调雨顺、农事丰收、祈福迎财、驱灾辟邪及国泰民安的美好愿望。年画不仅是对节日的点缀，也是对古代社会历史、生活、信仰和风俗的反映。年画是我国民间艺术的重要组成部分，具有很高的艺术价值，还具有丰富的文化内涵。

按作用的不同，年画可以分为辟邪年画、祈福年画、人物故事年画、时令年画等类型。门神年画是典型的辟邪年画,厅堂里贴的财神年画是典型的吉祥年画,而"春牛图""九九消寒图"等则是典型的时令年画。

按制作工艺的不同,年画分为木版年画、手绘年画、印绘结合年画3种。木版年画是民间年画主要的类型,传统木版年画的制作过程包括画稿、刻版、拓印等基本环节,是融合了画、刻、印3种技法的民间艺术形式。

年画起源于古代的门神画,是中国人喜闻乐见的艺术形式。"神荼和郁垒"是最早出现在传统年画中的两位门神,这两人均是神话传说中的人物。汉代王充《论衡·订鬼》引《山海经》中的文字:"沧海之中,有度朔之山,上有大桃木,其屈蟠三千里,其枝间东北曰鬼门,万鬼所出入也。上有二神人,一曰神荼,一曰郁垒,主阅领万鬼。善害之鬼,执以苇索而以食虎。于是黄帝乃作礼以时驱之,立大桃人,门户画神荼、郁垒与虎,悬苇索以御凶魅。"

东汉应劭在《风俗通义》中也记载"虎者,阳物,百兽之长也。能执搏挫锐,噬食鬼魅。"老虎很早就被认为是驱恶辟邪之物。鸡作为门神的原因和虎的情况类似,都和驱鬼有关。在民间传说中,鬼害怕神荼、郁垒、老虎、公鸡等。老虎和公鸡很早就登上了门神的位置,与这两种动物有关的门神年画包括"猛虎镇宅"(见图8-2)和"金鸡报晓"。有些地区把鹰也当作驱鬼的门神。

图8-2 猛虎镇宅年画示意

唐代的门神画中出现了秦叔宝和尉迟敬德,两人都是唐朝的著名武将。之后,历史上一些著名的文官武将也陆续进入门神的队列,承担起守卫民众大门的重任。

宋代出现了雕版印刷技术,促进了木版年画的发展。明代插图版画的流行,推动了年画的进一步发展。清代是年画发展的高峰,年画的作坊遍及全国。清代李光庭在其《乡言解颐》中提到"扫舍之后,便贴年画,稚子之戏耳"。这也是"年画"这一称谓的正式表述。民国时期,年画既描绘传统的民俗生活,又反映社会的新风气、新时尚,称之为"新年画",月份牌年画是这一时期在上海出现的新年画类型。

传统年画是我国民间艺术的典型代表,也是我国社会、历史、生活、信仰和风俗的反映。天津杨柳青、山东杨家埠、苏州桃花坞，曾是我国传统年画三大生产中心。其他比较有代表性的年画类型，还有开封朱仙镇年画、河北武强年画、四川绵竹年画、重庆梁平区年画、四川夹江年画、湖南滩头年画、山西平阳年画、陕西凤翔年画、广东佛山年画、福建漳州年画和上海小校场年画等。

山西平阳年画始于宋金，盛于元代，至明清进入发展的黄金时期。在内蒙古额济纳旗黑城子的古代西夏遗址中，曾发现两幅现存最早的木版年画——宋金时期的《隋朝窈窕呈倾国之芳容》和《义勇武安王位》。年画的题记表明，两幅作品均出自山西平阳地区，即今天的临汾地区。宋金时期，该地区就是我国木版印刷的中心。因此，有人认为山西平阳年画是传统木版年画的开端。

鲁迅曾收藏了多幅朱仙镇的年画并高度评价了朱仙镇年画的艺术价值，他评价道："朱仙镇的木版年画很好，雕刻的线条粗健有力，和其他地方的不同，不是细巧雕刻。这些木刻很朴实，不涂脂粉，人物也没有媚态，颜色很浓重，有乡土味，具有北方木版年画的独有特色。"鲁迅也擅长木刻，可称得上木刻艺术家。他评价中所说的"乡土味"，充分体现了年画民间艺术的本质特色。

（二）剪纸概述

剪纸又称"剪画""刻纸"，是利用剪刀、刻刀等工具，在纸张等材料上镂空剪刻出各种图案的一种民间艺术形式。中国传统剪纸的题材十分广泛，有人物、动物、植物、戏曲故事等。1959年，在新疆吐鲁番发现了著名的"对猴"和"对马"剪纸文物（见图8-3），经考古工作者测定，剪纸为植物纤维制品，年代为北朝—隋代，是我国发现的最早的剪纸实物。据此可以推断，至迟到魏晋南北朝时期，我国已经出现了剪纸，而且剪纸技艺已达到较高的水平。

图8-3 "对马"（左）"对猴"（右）团花剪纸复原图

根据所用纸张的颜色，传统剪纸分为单色剪纸和彩色剪纸。单色剪纸指用一种颜色的剪纸。单色剪纸的颜色有红色、黄色、白色、黑色、绿色等，其中，红纸是单色剪纸用得最多的。红色是吉色，象征吉祥、喜庆。凡庆贺节日、婚嫁、添丁、满月、百岁、祝寿等都用大红剪纸。彩色剪纸是指用两种以上颜色的剪纸，主要有套色剪纸、染色剪纸、拼色剪纸等类型。

根据应用类型的不同，剪纸可以分为窗花、门笺、灯花（灯笼花）、墙花、顶花（顶棚花）、礼花（喜花）、扇花等。其中，窗花、门笺、灯花等剪纸在各种节令庆祝活动中被广泛应用，用来烘托和营造喜庆的节日气氛。

窗花是指贴在窗户上的剪纸，常见的窗花有圆形、方形、条形、菱形等形状。窗花可以是单幅（见图8-4），也可以是多幅。

窗花的表现题材广泛，内容丰富。神话人物、戏曲故事、历史传说、花鸟鱼虫、十二生肖、山水风景、现实生活及吉祥图案均可成为窗花的表现内容。窗花中出现最多的题材是花

图 8-4　单幅窗花剪纸

卉、动物、喜庆等吉祥纹样，其中，"吉祥喜庆""五谷丰登""风调雨顺""人畜兴旺""连年有余"等为常见主题。

窗花的形式，常受民居窗户构造不同的影响。因为南北各地民间建筑有很大的区别，窗户造型也有所不同，窗花的造型受到窗户的限制，因而没有固定的格式，而是根据各种窗户的格局而形成不同的剪纸造型。窗花以其特有的概括和夸张手法将美好愿望表现得淋漓尽致，将节日装点得红火富丽、喜气洋洋。

门笺又称"挂笺""过门笺"，是指悬贴于门楣、房檐、窗楣上，作为新年点缀的一种特殊剪纸类型，节日里贴门笺含有祛邪、招财的寓意。除了窗花以外，新年制作和使用数量最多的就属门笺了。由于过去门笺图案多为古钱状，所以也被称为"门钱""挂钱"或"过门钱"。我国北方的天津、山东、陕西、甘肃、东北部分地区至今还有节日张贴和悬挂门笺的习俗（见图8-5）。

图 8-5　门笺剪纸

根据颜色的不同，门笺可分为单色和多色两种类型。门笺图案也有两种类型，一类以植物、动物图案为主，没有文字内容。另一类图案以吉祥文字为主，文字的数量有单独一个字的类型，如"福""禄""寿""喜"等；也有以四字成语为主的类型，四字成语多为吉祥用语，如"岁岁平安""万事如意""招财进宝"等。

门笺常常多幅一起使用，常见的有5幅或6幅一套，每幅的色彩和图案都不同，剪成各种美好寓意的文字和纹样。例如，文字主题的多幅门笺，通常成排悬挂在住宅门楣或屋檐下，共同组成一句富有喜庆气息的吉祥用语。迎风招展的各色门笺，和大门上的门神年画、窗户上的窗花剪纸一起，给民居建筑增添了浓浓的喜庆气氛。

灯花，又称灯笼花、灯彩剪纸，是指贴在灯笼表面，用来装饰灯笼的一种剪纸类型。灯笼在古代被用来照明，夜晚居家或外出时都会提上灯笼，用来照明。这种灯笼是以纸糊在竹或木制的灯框上，用彩纸剪成的文字或图案贴在灯笼的外侧，在灯火的映射下华丽美观。

灯花剪纸常用在两种类型的灯上，即普通的灯笼和走马灯。走马灯是以彩纸剪成人物形状，系在灯壳中的纸轮上，通过中心点燃的蜡烛的热量，推动灯中的剪纸人物转动。走马灯通常有4个或6个面，每个面上贴上灯花后，转动的灯面形成传统皮影戏的动态效果，深受人们的喜爱。元代诗人谢宗可在《走马灯》诗中，对当时元宵节中的走马灯有着生动的描述："飙轮拥骑驾炎精，飞绕人间不夜城，风鬣追星来有影，霜蹄逐电去无声。秦军夜溃咸阳火，吴炬宵驰赤壁兵，更忆雕鞍年少日，章台踏碎月华明。"

元宵节中的普通灯笼，也常常做成各种形状，包括圆形、方形、瓜形、荷花形、鲤鱼形等。灯花的图案多为花鸟鱼虫、吉祥文字、历史故事、戏曲人物等，多寓意富贵长寿、五谷丰登、风调雨顺等。

第二节 审美分析

一、年画之美

（一）年画审美

我国传统木版年画有鲜明的地域特色，形成了各自的艺术特色。同时，不同地域的木版年画还具有一些共同的特性，这些共性主要有以下几点。

（1）工艺基础相同。这些年画均采用木版印刷的方式进行制作，工艺流程包括画稿、刻版和印刷等关键环节，这些流程的实施效果，共同决定了年画的最终质量。

（2）主题内容相同。年画的内容多为神话和历史人物、戏曲故事、吉祥图案、植物风景等，用来表达人们祈望安居乐业、农业丰收、祈福辟邪的美好心愿。一些特定的主题内容在各种年画中都可以看到，例如，神荼、郁垒、钟馗、秦叔宝、尉迟敬德等经常被选为门神；吉祥文化的各种题材也是各个地域年画共同的主题。

（3）色彩使用原则相同。基于木版年画的工艺基础，年画多使用原色，较少使用间色；色彩大多醒目、鲜艳并且对比强烈。

各地年画除了上述共性特点，还具有一些不同的地域特色。正是这些不同点，形成了我国传统木版年画丰富的多样性。下面选取河北武强年画为例，分析其地域特色。

武强年画的构图特点是饱满均衡、少有留白的空间。在主题图案不能填满的空白处，常会添加一些辅助图案，如花草植物、十二生肖、吉祥图案等。

武强年画在人物和动物造型上多采用夸张的手法。例如，儿童的形象常常是头大、四肢短的比例，突出表现儿童憨态可掬的可爱形象。动物形象也同样采用夸张手法，有"十斤狮子九斤头"的说法。

武强年画中的线条虽然简单粗犷，但人物、动物形象均高度概括，刻画生动，呈现出朴拙的风格特点。

武强年画的色彩以红、黄、蓝三原色为主色调，画面配色鲜艳和谐、对比强烈，给人强烈的视觉冲击感。

不同地域的年画，与河北武强年画类似，既具备传统年画的共性，也具备其地域特色，需要从构图、造型、色彩、风格等多方面进行观察和分析。

（二）作品赏析

1. 门神年画

图 8-6 这幅年画由两幅门神画组成，互为呼应。门神的姿态呈反射对称，但容貌、穿着、兵器有细微的变化，整体形成了统一中蕴含变化的形式美感。该幅年画印制精细，颜色鲜艳，富有浓厚的民间艺术韵味。

图 8-6　河北武强门神年画

2. 老鼠娶亲年画

湖南滩头年画因产地位于湖南邵阳隆回县滩头镇而得名，年画所用纸是当地手工制作的竹纸，纸质紧密厚实，呈淡黄色。图 8-7 这幅年画构图巧妙，列队行进的老鼠和拦路的猫形成整齐的两行，富有动感。年画颜色鲜艳，以黄、黑亮色为主，辅以红色和绿色，整体和谐统一。老鼠和猫的形象塑造得栩栩如生，具有浓郁的乡土气息和幽默趣味。

图 8-7　老鼠娶亲年画

3. 狮衔剑年画

图 8-8 是福建漳州木版年画中的一幅代表性作品，名为"狮衔剑"。画中狮子额间印有八卦，口衔宝剑。狮子怒目圆睁，鬃毛飞扬，气势威猛。年画构图平衡对称，底色为红色，辅以蓝、白、黄色，色彩对比强烈，具有浓郁的闽南传统文化特色。

图 8-8　漳州年画"狮衔剑"

4. 六子游戏年画

图 8-9 是河北武强年画中的一幅代表性作品，名为六子游戏图。作品中描绘了 6 个憨态可掬的儿童，围绕中心以三重旋转对称的方式呈现在画中，相邻两个儿童共用头部或下肢，属于共生画。此画又称六顺图，画面主体巧妙地将娃娃的头部和下肢相互借用，组成了三头六体、一俯一仰、两两共头或两两共腔的构图，寓意争头（头名状元）和争腔（通"锭"，即元宝）。3 个娃娃手中分别拿着苹果（寓意平安、和平），寿桃（寓意健康、长寿）、柿子（寓意事事如意），和年画四角的蝴蝶、花卉，以及娃娃之间的如意纹等共同象征着长寿、幸福和吉祥，表达了美好的祝愿。整个图案色彩丰富，既有对称的美感又有共生的巧思，观之趣味无穷，体现了传统年画艺人的聪明智慧。

图 8-9　六子游戏图

二、剪纸之美

（一）剪纸审美

传统剪纸与年画类似，不同地域的剪纸有独特的风格，或者说，不同地区的民俗产生了不同的剪纸风格。

我国大多数地区的剪纸使用红色的纸张，但也有少数地区习惯使用黑色的纸张作为剪纸材料。有些地方使用单色剪纸材料，而有些地方使用多种颜色的剪纸材料。不仅使用的纸张颜色和质地不同，剪纸的技法也有所差异。

尽管存在诸多的细小差别，我国各地的剪纸依然具有很多共同点，以下这些共性，让人很容易看出它们是我国传统的民间剪纸。

（1）主题内容相同。剪纸的内容与传统木版年画基本一致，但是剪纸的内容不仅包含各类神话、历史和戏剧人物，还包括花鸟鱼虫、奇禽瑞兽、风景建筑、农耕渔猎、纺织蚕桑、节日庆典、戏曲故事等题材，涵盖了民间生活的各个方面。其中，民间吉祥文化依然是剪纸的中心主题。

（2）色彩喜好相同。剪纸多使用红色，红色在我国象征喜庆、欢乐、吉祥。窗花剪纸、门笺剪纸、灯花剪纸大多使用红色纸张作为剪纸材料。

（3）使用适形图案。剪纸中大量使用适形图案，例如，窗花剪纸的图案多为圆形轮廓，少量的以正方形、长方形、菱形、扇形作为适形图案的外部轮廓。

（4）基本剪法相同。这些基本剪法体现了剪纸作品的特点，也是分辨剪纸作品的关键。这些基本剪法包括锯齿形、月牙形、小圆形和柳叶形等。

各地剪纸除了上述共性特点，还具有一些个性特点。如同传统木版年画一样，不同地域剪纸的个性特点，形成了我国剪纸艺术的多样性。

以陕西剪纸为代表的黄土高原及周边地区的剪纸，历史悠久，剪纸作品大都出自农家妇女之手，风格原始质朴，具有浓郁的乡土气息。剪纸作品色彩丰富，构思巧妙，粗犷、抽象、神秘、厚重，风格独特，表现了陕西农村的现实生活，也揭示了过去农村妇女的精神生活。

河北张家口蔚县剪纸先采用锐利的金属刻刀，在薄薄的白色宣纸上刻出图案，然后用色彩进行点染，因此，也称为染色剪纸。此外，与其他剪纸的制作工艺不同，蔚县剪纸采用批量制作和生产。作品多以戏曲人物、花卉和脸谱为素材，以色彩鲜亮、阴刻和阳刻技法巧妙结合而闻名，蕴涵着丰富的文化内涵。

（二）作品赏析

1. 窗花剪纸

图 8-10 的窗花为经典的"福"字剪纸，采用喜庆的红纸剪成，构图巧妙，技法精湛。这幅作品将正方形的窗花纸旋转了45°角呈菱形构图，中心是福字图案，周围环绕着4只喜鹊和连枝梅花，正方形的4个角还巧妙地剪出了"好运常来"4个字。整幅剪纸构图饱满，疏密有度，重点突出。福字代表福气和幸福，喜鹊和梅花有"喜上眉梢"的寓意，整个窗花图案表达了人们追求幸福生活的美好意愿。

图 8-10 窗花剪纸

2. 门笺剪纸

图 8-11 的门笺剪纸为红色，呈纵长方形。图案内容从上至下分为 3 部分：最上部分为吉祥文字"福运临门"；中间部分以铜钱纹为背景，聚焦中间一只蹲坐的老虎；最下部分是穗带。门笺剪纸多悬挂张贴在门楣或窗户上，随风飘动，具有动态效果，这一点不同于窗花剪纸与年画。这幅门笺剪纸颜色鲜艳，构思巧妙。文字、铜钱、老虎等图案，表达了辟邪驱恶、迎福纳祥的强烈愿望。

图 8-11 节日门笺剪纸

3. 生肖剪纸

图 8-12 的这幅剪纸以十二生肖为主题,使用红纸剪成,整体轮廓呈圆形。剪纸图案采用外圆内方的形式,构图巧妙。内部的正方形被划分成 16 个大小相等的小正方形网格,十二生肖图案各占一格,4 个为一组,其中两组排列成 2×2 的正方形并上下对称地布置,中间一组图案沿内部正方形的对角线一字排列,3 组生肖图案之间空出的 4 个小方格,由铜钱和花朵图案左右对称地填满。在中心图案正方形的外部围绕着枝叶相连的花朵,呈圆形轮廓并对称分布。整个图案均衡饱满,疏密有致,韵味悠长。

图 8-12 十二生肖剪纸

4. 染色剪纸

图 8-13 为典型的河北张家口蔚县剪纸，剪纸中的花瓶刻画细致，装饰纹样简约大方，菊花的花瓣和叶子灵活舒展，形态栩栩如生。整幅剪纸色彩鲜亮、和谐美观，菊花和花瓶图案寓意平安吉祥。

图 8-13　河北蔚县染色剪纸

5. 吉祥剪纸

图 8-14 是一幅集中体现了传统民间剪纸如何巧妙应用吉祥图案的作品。这幅剪纸整体轮廓为"福"字，构图精巧。内部图案的主体由鲤鱼、莲叶、莲花和招财进宝组成，鲤鱼和莲叶、莲花寓意"连年有余"，招财进宝采用共用笔画的方式形成了一个统一的图案。其他空余部分用金鱼、铜钱、小鲤鱼、喜鹊、如意云纹、莲蓬和水波纹等填充，寓意"金玉满堂""喜庆如意"等，构图饱满，疏密有致。整个剪纸图案中既有造型生动的吉祥形象，也有富有内涵的吉祥文字，寓意丰富，和谐美观，洋溢着欢快的气氛。

图 8-14　吉祥剪纸

第三节　实　践　练　习

一、相关术语

【节气】起源于我国黄河流域,反映季节更替和气候变化。全年共分二十四个节气,古人根据节气安排农业生产、节气庆典、祭祀祈福活动。

【节日】人类为适应生产和生活的需要而共同创造的一种民俗形式。

【春联】又称"对子",每逢春节,用红纸书写,贴于门上的吉祥或祝福的语句。春联起源于桃符,是我国特有的文学形式,代表着传统文化的延续。

【年画】起源于古代的门神画,是中国人喜闻乐见的民间艺术形式。

【木版年画】指用木版水印制作的年画,制作工艺涵盖了绘画、雕刻、印刷等多种技术。

【剪纸】又称"剪画""刻纸",是利用剪刀、刻刀等工具,在纸张等材料上镂空剪刻出各种图案的一种民间艺术形式。

【阳刻剪纸】是指剪纸过程中保留图案中的点、线、面,把图案以外的部分剪刻掉的剪纸技法。阳刻剪纸的线条一般是互相连接的。

【阴刻剪纸】是指在剪纸过程中将图案自身剪刻掉的剪纸技法,阴刻剪纸的线条不一定是相连的。在传统剪纸中,阳刻剪纸和阴刻剪纸通常会结合使用。

【窗花】是指贴在窗户上的一种特殊的剪纸类型,常见的窗花有圆形、方形、条形、菱形等形状。

【门笺】又称"挂笺""过门笺",是指悬贴于门楣、房檐、窗楣上,作为新年点缀的一种特殊的剪纸类型。

【灯花】用于装饰元宵节灯彩的一种特殊剪纸形式,题材以戏文故事和吉祥图符为主,通常4幅为一套,构图具有连续性,有的还印有谜语。

【墙花】是指贴在室内墙壁上的一种特殊剪纸形式。其中,贴在北方睡炕周围墙上的叫"炕围花",贴在烧水做饭的灶边的墙上的叫"灶头花"。

【顶花】也称"顶棚花",指用于民居建筑内顶棚装饰的大幅剪纸形式。

【礼花】也称"喜花",以红色纸剪刻而成,用于婚礼、祝寿、馈礼等民俗活动。

【门神年画】是指手绘或粘贴在民居等建筑物大门上的一种年画类型,常见的有猛虎、雄鸡、钟馗、神荼和郁垒、秦叔宝和尉迟敬德等多种形象。在中国传统习俗中,门神年画可以起到辟邪的作用。

【十二生肖】是中国传统文化中用鼠、牛、虎、兔、龙、蛇、马、羊、猴、鸡、狗、猪十二种动物表示出生年份的一种方式。十二生肖还和十二地支配合使用,以十二年为一个循环周期来纪年。

二、课堂练习

（一）观察与分析

1. 图 8-15 是一幅常见的传统门神年画，贴在民居的大门上。观察并分析这张年画的主题类型、图案的象征含义、表现手法和审美特点，记录在以下空白处。

图 8-15　山西新绛门神年画

分析记录

2. 图 8-16 是山西平遥古城的窗花剪纸，用来美化民居建筑的外观，寄托人们的美好愿望。观察并分析这幅窗花剪纸的主题类型、图案的象征含义、表现手法和审美特点，记录在以下空白处。

图 8-16　窗花剪纸　　　　　　　　　　　　分析记录

（二）模仿与学习

1. 根据图 8-17 的窗花剪纸图样，模仿剪出自己的作品并粘贴在以下空白处。

图 8-17　窗花剪纸　　　　　　　　　　　模仿练习

2. 根据图 8-18 门笺剪纸图样，模仿剪出自己的作品并粘贴在以下空白处。

图 8-18　门笺剪纸　　　　　　　　　　　模仿练习

（三）讨论与总结

当今的年画作品虽然采取了传统的形式，但内容和表现手法都发生了变化。对比传统的年画，分析并讨论当今年画的特点，撰写总结报告。

三、小组设计实践

（一）门笺风格书签设计

1. 设计题目

传统门笺是一种特殊的剪纸，形状多为竖向的长方形，一般由边框（上、左、右）、中心纹样（中堂）和穗子（璎珞）这几部分组成，剪纸的图案及其含义均具有浓厚的传统文化特色。

部分纸质图书配有设计精美的书签，形式多样，以长方形居多。有些书签的内容是对该书的介绍，还有些成套设计用来表现系列图书的内容（见图8-19）。

图 8-19 书签示例

根据所学门笺和剪纸的相关知识，小组合作设计一组门笺风格的书签，详细说明设计意图，并进行展示和汇报。

2. 具体要求

（1）应用或借鉴门笺的形式，书签图案可以直接应用、模仿或改进典型的门笺图案；

（2）书签要有明确的主题和宣传意义；

（3）从功能、材料和形式等方面分析当前读者对书签的设计需求；

（4）绘制整套书签的设计草图；

（5）用文字和分析草图等阐述设计概念、构思的关键过程或设计方法；

（6）用数字化设计软件生成书签模型（根据设备条件，可选）；

（7）根据设计草图或数字模型，选用材料制作书签的实物模型；

（8）制作演示文稿，可配合数字或实物模型进行展示与讲解。

（二）年画风格二十四节气台历设计

1. 设计题目

台历（见图8-20）曾是生活中常见的物品，形式也多种多样。台历提醒人们需要记住的日期，帮助记录或记忆发生的事情。除此之外，精美的台历也是一件小的艺术品，美化人们的桌面环境，愉悦人们每天的心情。

图8-20 传统台历

根据所学的传统年画和二十四节气的相关知识，小组合作设计一种年画风格的台历，详细说明设计意图，并进行展示和汇报。

2. 具体要求

（1）应用或借鉴传统年画的图案形式，台历封面和具体页面应风格统一；
（2）体现传统二十四节气的内容；
（3）从功能、材料和形式等方面分析当前消费者对台历的设计需求；
（4）绘制整套台历的设计草图；
（5）用文字和分析草图等阐述设计概念、构思的关键过程或设计方法；
（6）用数字化设计软件生成台历模型（根据设备条件，可选）；
（7）根据设计草图或数字模型，选用材料制作台历的实物模型；
（8）制作演示文稿，可配合数字或实物模型进行展示与讲解。

(三)四合院民居的节日装饰设计

1. 设计题目

农历春节是中国时间最长、规模最大的传统节日,节日期间人们张灯结彩,用年画、窗花、门笺和灯笼等装点建筑,营造欢乐的佳节气氛。

四合院是中国传统的一种合院式建筑,也是我国北方地区传统民居的代表。四合院通常由正房、东厢房、西厢房和倒座房从四面围合中心庭院而成,体现着传统居住文化和审美思想,是重要的建筑遗产(见图8-21)。

图8-21 北京四合院民居

根据所学的年画、窗花和门笺剪纸等知识,以小组合作的方式,为四合院民居设计一套春节期间的装饰方案,详细说明设计意图,并进行展示和汇报。

2. 具体要求

(1)分析四合院民居的装饰需求;
(2)使用年画和剪纸等传统节日装饰手段,体现农历年的特点;
(3)可以使用春联、灯笼等其他节日装饰手段;
(4)绘制整套装饰的设计草图和在院落中的布置图;
(5)用文字和分析草图等阐述设计概念、构思的关键过程或设计方法;
(6)用数字化设计软件生成院落装饰模型(根据设备条件,可选);
(7)根据设计草图或数字模型,选用材料制作院落装饰的实物模型;
(8)制作演示文稿,可配合数字或实物模型进行展示与讲解。

【本章小结】

本章由3节组成,包括节庆知识、审美分析和实践练习。

节庆知识介绍了关于二十四节气、传统节日、年画和剪纸的基本知识。概括说明了节气、节日与年画和剪纸的关系,重点介绍了用于春分、冬至,以及春节、元宵节和端午节等重要节气和节日的传统年画和剪纸的类型。年画知识主要介绍了年画的历史和各地年画的不同特色,剪纸知识主要介绍了窗花剪纸和门笺剪纸的内容、形式和特点。

审美分析介绍了年画之美和剪纸之美。首先分别概括了不同地域年画和剪纸的共性特点,然后以不同地区的典型年画和剪纸为例,从形式、色彩、图案、文化寓意及建筑和居室环境等方面进行审美分析。其中年画选取了典型的门神、老鼠娶亲、狮衔剑和六子游戏年画,剪纸选取了窗花、门笺、生肖、染色和吉祥剪纸等典型类型进行了分析。

实践练习中小组设计实践的部分,采用项目式学习方式,通过门笺风格的书签设计、年画风格的台历设计和四合院民居的节日装饰设计3个项目的实践,引导学习者理解创新和传统文化的密切联系,加深对传统节庆、剪纸和年画基本知识的理解与掌握,提高设计能力,增强实践和创新能力。

【拓展学习】

拓展资料

【课后作业】

一、单项选择题

1. 鲁迅曾收集了一些传统年画作品，是（　　）。
   A. 河南开封朱仙镇年画   B. 天津杨柳青年画
   C. 山东潍坊杨家埠年画   D. 江苏苏州桃花坞年画
2. （　　）常常出现在门神年画中。
   A. 老虎   B. 公鸡   C. 神鹰   D. 以上全部
3. （　　）会在传统端午节进行。
   A. 挂菖蒲   B. 赛龙舟   C. 吃粽子   D. 以上全部
4. 下列关于河北武强年画代表性作品"六子游戏图"的描述中错误的是（　　）。
   A. 共有六个胖娃娃形象
   B. 有六个胖娃娃的头部形象
   C. 主体部分采用了三重旋转对称设计
   D. 属于共生画类型
5. 用于节日的剪纸类型是（　　）。
   A. 窗花剪纸   B. 福字剪纸   C. 门笺剪纸   D. 以上全部

二、填空题

1. ＿＿＿＿＿＿＿＿＿＿起源于古代的门神画，是中国人喜闻乐见的艺术形式。
2. ＿＿＿＿＿＿＿＿＿＿是指剪纸过程中保留图案中的点、线、面，把图案以外的部分剪刻掉的剪纸技法。
3. 我国传统的清明既属于节日，也属于＿＿＿＿＿＿＿＿＿＿。

三、简答题

1. 比较传统剪纸中窗花、门笺、灯花的各自特点。
2. 比较传统年画和传统绘画的异同点。

四、实地调研

根据当地情况选择一些调研地点，如本地博物馆、传统街区或村落等，调查了解本地传统节日的民俗活动与环境装饰的特点，撰写调研报告。

Tradition
Tradition
Tradition

附录 A
各章课后作业参考答案

第一章 概论

一、单项选择题 1.D；2.A；3.D；4.C；5.B。

二、简答题 略。

第二章 陶瓷用具

一、单项选择题 1.A；2.A；3.D；4.C；5.D。

二、填空题 1. 彩陶。 2. 釉下彩瓷器。 3. 青瓷。

三、简答题 略。

第三章 编织生活

一、单项选择题 1.B；2.D；3.D；4.D；5.D。

二、填空题 1. 竹编。 2. 纬篾。 3. 斜纹。

三、简答题 略。

第四章 印染织物

一、单项选择题 1.C；2.D；3.D；4.D；5.A。

二、填空题 1. 丝织物。 2. 防染法。 3. 夏布。

三、简答题 略。

第五章　黛瓦青砖

一、单项选择题 1.D；2.D；3.C；4.D；5.D。

二、填空题 1. 板瓦。 2. 瓦当。 3. 砖雕。

三、简答题 略。

第六章　居室环境

一、单项选择题 1.B；2.A；3.D；4.D；5.A。

二、填空题 1. 隔扇。 2. 榫卯。 3. 透雕。

三、简答题 略。

第七章　桥通南北

一、单项选择题 1.B；2.A；3.C；4.B；5.D。

二、填空题 1. 梁桥。 2. 分水尖。 3. 拱桥。

三、简答题 略。

第八章　传统节庆

一、单项选择题 1.A；2.D；3.D；4.B；5.D。

二、填空题 1. 年画。 2. 阳刻剪纸。 3. 节气。

三、简答题 略。

参考文献

[1] 闻人军. 考工记译注 [M]. 上海：上海古籍出版社，2009.
[2] 苏轼. 苏轼文集 [M]. 顾之川，校点. 长沙：岳麓书社，2000.
[3] 尚书 [M]. 王世舜，王翠叶，译注. 北京：中华书局，2012.
[4] 庄子 [M]. 方勇译注. 北京：中华书局，2015.
[5] 宋应星. 天工开物译注 [M]. 潘吉星，译注. 上海：上海古籍出版社，2016.
[6] 计成. 园冶 [M]. 刘艳春，编著. 南京：江苏凤凰文艺出版社，2015.
[7] 李诫. 营造法式 [M]. 方木鱼，译注. 重庆：重庆出版社，2018.
[8] 邵琦，闻晓菁，李良瑾，等. 中国古代设计思想史略（增订本）[M]. 上海：上海书店出版社，2020.
[9] 田自秉. 中国工艺美术史 [M]. 北京：商务印书馆，2014.
[10] 郑军. 历代图案之美 [M]. 济南：山东画报出版社，2022.
[11] 中国硅酸盐学会. 中国陶瓷史 [M]. 北京：文物出版社，2011.
[12] 彭适凡. 中国南方古代印纹陶 [M]. 北京：文物出版社，1987.
[13] 陈克伦，叶倩. 窑火唤彩：中国古代瓷器制作术 [M]. 北京：文物出版社，2017.
[14] 李纪贤. 宋瓷之美 [M]. 北京：人民美术出版社，2021.
[15] 程金城. 中国陶瓷美学 [M]. 兰州：甘肃人民美术出版社，2008.
[16] 中国古陶瓷学会. 印纹硬陶与原始瓷研究 [M]. 北京：故宫出版社，2016.
[17] 刘行光，李志国. 紫砂 [M]. 重庆：西南师范大学出版社，2017.
[18] 蓝浦，郑廷桂. 景德镇陶录 [M]. 余柱青，编著. 合肥：黄山书社，2016.
[19] 文震亨. 长物志 [M]. 李瑞豪，编著. 北京：中华书局，2012.
[20] 许之衡. 饮流斋说瓷 [M]. 杜斌，编著. 北京：中华书局，2012.
[21] 礼记 [M]. 胡平生，张萌，译注. 北京：中华书局，2017.
[22] 徐华铛. 中国竹编艺术 [M]. 北京：中国林业出版社，2010.
[23] 司马迁. 史记 [M]. 易行，孙嘉镇校订. 北京：线装书局，2006.
[24] 龚明伟. 东阳竹编 [M]. 杭州：浙江摄影出版社，2014.
[25] 成都市非物质文化遗产保护中心，崇州市文化馆. 道明竹编 [M]. 成都：四川人民出版社，2018.
[26] 沈珉. 中国传统竹编 [M]. 北京：人民美术出版社，2007.
[27] 张齐生，程渭扇. 中国竹工艺 [M]. 北京：中国林业出版社，2003.
[28] 吴静和. 邮话竹子 [M]. 北京：中国林业出版社，2016.
[29] 胡彬彬. 湖湘竹艺 [M]. 长沙：湖南美术出版社，2012.
[30] 过竹. 毛南族民族风情 [M]. 南宁：广西民族出版社，2012.
[31] 周小麦，王如婷. 苇编：以手抵心的生活 [M]. 桂林：广西师范大学出版社，2018.
[32] 王连海. 编织与扎制 [M]. 郑州：大象出版社，2008.

[33] 沈丛文. 沈丛文说文物：织锦篇 [M]. 重庆：重庆大学出版社，2014.

[34] 赵丰. 中国丝绸艺术史 [M]. 北京：文物出版社，2005.

[35] 陆游. 老学庵笔记 [M]. 王欣，点评. 青岛：青岛出版社，2002.

[36] 陈寿. 三国志 [M]. 骆宾，译. 北京：中国文联出版社，2016.

[37] 王锦. 柳州府志（标点本）[M]. 吴光升，纂. 北京：京华出版社，2003.

[38] 余强，谢亚平，李敏敏，等. 织机声声：川渝荣隆地区夏布工艺的历史及传承 [M]. 北京：中国纺织出版社，2014.

[39] 于雄略. 中国传统蓝印花布 [M]. 北京：人民美术出版社，2008.

[40] 左汉中. 民间印染花布 [M]. 长沙：湖南美术出版社，1994.

[41] 孙法鑫. 织染 [M]. 郑州：大象出版社，2012.

[42] 郑巨欣. 浙南夹缬 [M]. 苏州：苏州大学出版社，2009.

[43] 贺琛，杨文斌. 贵州蜡染 [M]. 苏州：苏州大学出版社，2009.

[44] 于元. 民族扎染工艺 [M]. 长春：吉林文史出版社，2012.

[45] 马正荣. 贵州苗族蜡染图案 [M]. 北京：人民美术出版社，1980.

[46] 杨文斌，杨亮，王振华. 苗族蜡染 [M]. 南京：江苏凤凰美术出版社，2015.

[47] 杨循吉. 吴邑志　长洲县志 [M]. 陈其弟，点校. 扬州：广陵书社，2006.

[48] 吴伟峰. 壮锦：五彩斑斓的智慧结晶 [M]. 南宁：广西美术出版社，2022.

[49] 吴元新，吴灵姝. 南通蓝印花布 [M]. 苏州：苏州大学出版社，2011.

[50] 唐洪祥，程培才. 西兰卡普 [M]. 重庆：西南师范大学出版社，2015.

[51] 田明，张心平，田大年，等. 湘西土家族织锦技艺 [M]. 长沙：湖南师范大学出版社，2011.

[52] 宋应星. 天工开物图说 [M]. 曹小鸥，注释. 济南：山东画报出版社，2009.

[53] 楼庆西. 砖瓦 [M]. 北京：清华大学出版社，2016.

[54] 汪永平. 建筑琉璃 [M]. 北京：中国建筑工业出版社，2016.

[55] 路玉章. 古建筑砖瓦雕刻艺术 [M]. 北京：中国建筑工业出版社，2002.

[56] 王建华. 山西古建筑吉祥装饰寓意 [M]. 太原：山西人民出版社，2014.

[57] 颜纪臣. 山西传统民居 [M]. 北京：中国建筑工业出版社，2006.

[58] 刘熙. 释名：附音序、笔划索引 [M]. 北京：中华书局，2016.

[59] 张瑶. 榫卯的魅力 [M]. 北京：化学工业出版社，2020.

[60] 汉宝德. 明清建筑二论：斗栱的起源与发展 [M]. 北京：生活·读书·新知三联书店，2014.

[61] 蓝先琳. 窗 [M]. 天津：天津大学出版社，2008.

[62] 田健. 窗 [M]. 北京：中国建筑工业出版社，2016.

[63] 潘嘉来. 中国传统窗棂 [M]. 北京：人民美术出版社，2005.

[64] 徐华铛. 中国传统门窗木雕 [M]. 北京：中国林业出版社，2010.

[65] 田永复. 中国园林建筑构造设计 [M]. 北京：中国建筑工业出版社，2004.

[66] 范森林. 窗棂之华：平遥窗棂纹样图集 [M]. 天津：天津古籍出版社，2020.

[67] 朱广宇. 中国传统建筑：门窗、隔扇装饰艺术 [M]. 北京：机械工业出版社，2008.

[68] 路玉章. 古建筑木门窗棂艺术与制作技艺 [M]. 北京：中国建筑工业出版社，2008.

[69] 何晓道. 江南明清门窗 [M]. 南京：江苏美术出版社，2013.

[70] 王世襄. 明式家具研究 [M]. 北京：生活·读书·新知三联书店，2020.

[71] 王念祥. 明式家具雕刻艺术 [M]. 北京：北京工艺美术出版社，2003.

[72] 何宝通. 中国传统家具图史 [M]. 北京：北京联合出版公司，2019.

[73] 高阳，门琳，曾亚奴. 中国传统家具装饰 [M]. 天津：百花文艺出版社，2014.

[74] 胡德生. 中国传统家具 [M]. 北京：中国建筑工业出版社，2016.

[75] 吕九芳. 中国传统家具榫卯结构 [M]. 上海：上海科学技术出版社，2018.

[76] 张辉. 明式家具图案研究 [M]. 北京：故宫出版社，2017.

[77] 聂崇义. 新定三礼图 [M]. 北京：清华大学出版社，2006.

[78] 唐寰澄. 中国古代桥梁 [M]. 北京：中国建筑工业出版社，2011.

[79] 沙海昂. 马可波罗行纪 [M]. 冯承钧，译. 北京：商务印书馆，2012.

[80] 吴礼冠. 匠心桥饰：图像中国古代桥梁装饰艺术 [M]. 北京：中国建筑工业出版社，2018.

[81] 刘杰. 中国木拱廊桥建筑艺术 [M]. 上海：上海人民美术出版社，2017.

[82] 戴志坚. 中国廊桥 [M]. 福州：福建人民出版社，2005.

[83] 许百成. 绍兴八字桥 我国最早的"立交桥" [J]. 浙江档案，1993（12）：45.

[84] 东耳. 城桥魁首：八字桥 [J]. 科学之友（A版），2008（7）：39.

[85] 刘忠伟. 燕赵古桥 [M]. 北京：科学出版社，2009.

[86] 莫春林. 园林桥艺术 [M]. 南昌：江西科学技术出版社，2011.

[87] 王忠强. 赵州桥 [M]. 长春：吉林文史出版社，2009.

[88] 云南省交通运输厅. 云南古道·古桥·古驿站 [M]. 昆明：云南科技出版社，2010.

[89] 葛雅莉. 渭源廊桥史话 [M]. 兰州：甘肃文化出版社，2018.

[90] 常建华. 岁时节日里的中国 [M]. 北京：中华书局，2006.

[91] 陈来生. 风俗流变：传统与风俗 [M]. 长春：长春出版社，2004.

[92] 杨中秋. 艺术之根 [M]. 北京：现代出版社，2014.

[93] 王树村，王海霞. 年画 [M]. 北京：文化艺术出版社，2012.

[94] 修建桥，陕西省艺术馆. 陕西木版年画 [M]. 西安：陕西人民美术出版社，2016.

[95] 沈泓. 漳州年画之旅 [M]. 南宁：广西人民出版社，2010.

[96] 冯骥才. 年画研究 [M]. 北京：中国戏剧出版社，2011.

[97] 郄建业. 武强年画的艺术风格及历史文化研究 [M]. 保定：河北大学出版社，2007.

[98] 程宜. 佛山木版年画历史与文化 [M]. 广州：广东人民出版社，2017.

[99] 殷伟，殷斐然. 节令年画 [M]. 北京：清华大学出版社，2016.

[100] 谢桂华. 民间年画 [M]. 石家庄：河北少年儿童出版社，2004.

[101] 黄殿祺，黄萍. 天津民俗剪纸（新版）[M]. 北京：北京工艺美术出版社，2015.

[102] 山曼，柳红伟. 山东剪纸民俗 [M]. 济南：济南出版社，2002.

[103] 陈山桥. 陕北剪纸 [M]. 西安：陕西人民出版社，2012.

[104] 杨坚平. 潮州剪纸 [M]. 汕头：汕头大学出版社，2004.

[105] 孙福生. 中国挂钱图集 [M]. 哈尔滨：黑龙江美术出版社，2000.

[106] 郑一民. 中国民间剪纸集成：蔚县卷 [M]. 石家庄：河北教育出版社，2006.

[107] 孟元老. 东京梦华录 [M]. 高嘉敏，编著. 合肥：黄山书社出版社，2015.

后 记

美育对于高等教育的创新教育至关重要。中国传统文化中的形式美蕴藏在日常生活中，体现在吃、穿、住、行、娱乐等方方面面的事物之中。只有认识美，才能创造美。创新与传统美育密切相关，创新设计思维的产生，创新设计能力的提升需要从传统形式美学中汲取智慧和营养。

本书希望通过系列专题的学习，提高学生的审美意识，通过生动有趣的小组设计实践，体会如何创造美，从而培养创新意识和能力。

本书的出版离不开北京交通大学本科生院、美育中心和建筑与艺术学院的资助与扶持，感谢各级领导和同仁对本书有关的研究和教学所给予的大力支持和无私帮助。

感谢王艾同学、车佳星老师、刘诗柔建筑师等朋友对本书初稿提出了诸多宝贵意见！

感谢无锡博物院华蕾老师、高安市博物馆的老师、广西民族博物馆曾昭雪老师、青海省博物馆黄志成老师、绍兴博物馆史霖老师、景德镇中国陶瓷博物馆陈新老师和王程玲老师帮助提供了馆藏品精美插图！

感谢我的家人和工作室的同仁无条件地支持和鼓励！

同时向所有参考书目的作者表示诚挚的谢意！正是学习借鉴了你们的研究成果，拙著才得以顺利完成。

由于时间、精力和水平所限，书中难免有错误和疏漏之处，敬请读者朋友们不吝赐教，批评指正，以期改正。

作 者
2024 年 7 月